Anonymus

Die Holzschnitte des 14. und 15. Jahrhunderts im Germanischen Museum

Anonymus

Die Holzschnitte des 14. und 15. Jahrhunderts im Germanischen Museum

ISBN/EAN: 9783742870841

Hergestellt in Europa, USA, Kanada, Australien, Japan

Cover: Foto ©Thomas Meinert / pixelio.de

Manufactured and distributed by brebook publishing software
(www.brebook.com)

Anonymus

Die Holzschnitte des 14. und 15. Jahrhunderts im Germanischen Museum

Die

Holzschnitte des 14. und 15. Jahrhunderts

im

GERMANISCHEN MUSEUM.

NÜRNBERG,

im Verlage der literarisch-artistischen Anstalt des germanischen Museums

1874

Die Anfänge der Druckkunst können durch so wenige zuverlässige schriftliche Quellen belegt werden, daß eine Reihe von Hypothesen ohne jeden Anhalt-punkt in der Luft schweben würde, wenn nicht die Denkmale selbst in unzüglicher Sprache zu uns redeten, in der Sprache der Kunstformen, deren Entwicklungsgang sich durch eine Reihe anderer Werke klar ausspricht und uns Rückschlüsse auf die Entstehungszeit der ältesten Erzeugnisse dieses Gebietes gestattet, die ebenso, wie alle andern Werke ihrer Zeit, dem Geiste derselben folgten und den allgemeinen Entwicklungsgang der Kunst mitmachten. Ehe uns der Druck der Bücher mit beweglichen Lettern entgegentrat, waren bereits manche andere verwandte Versuche gemacht worden. Die Goldschmiede hatten ihre Stanzen, mit denen sie aus Metall ihre Ornamente vervielfältigten; sie mögen sogar Inschriften vermittelst eingeschlagener Stanzen mit einzelnen, verkehrt geschnittenen Buchstaben ziemlich frühe hergestellt haben. Sobald die Richtung der Zeit und vergrößerter Bedarf die Anwendung solcher Mittel verlangte, stellten sie sich ein; sobald auf andern Gebieten die Richtung der Zeit einem größeren Bedarf günstig war, mußte auch da ein Mittel sich selbst finden, demselben durch Vervielfältigung mit großen Massen zu genügen.

Zunächst trat dies ein auf dem Gebiete der Heiligenbilder, und sofort fanden sich Mittel im Abdrucke. Dann folgten rasch die Spielkarten.

Es ist weniger der eigentliche Kunstsinn im strengen Begriffe des Wortes, als vielmehr das Bedürfniß, dem Auge eine anziehende Abwechslung zu geben, das Bedürfniß, der Erinnerung durch ein Bild zu Hülfe zu kommen, wo sie in den Inhalt einer Lehre eindringen wollte; es ist mehr das Bedürfniß, durch Bilder anzuregen und zum Studium des Inhaltes aufzufordern, das die reichen Bilderzyklen hervorgebracht, welche in Skulptur, in Wand- und Glasmalerei die Kirchen bedeckten, welche in Miniaturen die zur Andacht, wie zur Belehrung und Unterhaltung dienenden Bücher schmückten. Als nun nicht bloß die Kirche, als mehr und mehr noch das Haus selbst des ärmsten Mannes zur Anregung eines solchen Schmuckes nicht entbehren konnte, als auch der Bewohner der ärmsten Hütte in seiner Stube ein Bild des Heiligen haben wollte, dem er sich geweiht hatte, von dem er Segen und Förderung erwartete, dem er sein Gebet darbrachte; als man die Bilder des Heiligen als Amulete und Talismane, als Schutz gegen Unglücksfälle betrachtete, da konnte nicht mehr der Maler mit Tafelgemälden, noch Wandgemälden dienen, die zu theuer waren und neben der Kirche nur das Haus der Vornehmen schmückten, da entstand das Bedürfniß einer Methode, auf die billigste Weise auch dem Armen ein Bild in die Hand zu geben, und die Industrie, stets erfinderisch, mußte eine solche Methode zu finden. Als mehr und mehr die Andachtsbücher auch in Laienhände kamen, als mehr und mehr Klöster gestiftet wurden, die nicht, wie die Benediktiner, über reiche Mittel verfügten, sondern, wie die Franziskaner und Dominikaner, in den Städten ihre Wohnsitze aufschlugen und so zu sagen bürgerlich sern unter den Bürgern lebten, als mehr Frauenklöster entstanden, da zeigte sich das Bedürfnifs, die Bücher billig herzustellen und zunächst die kostbaren Miniaturmalereien durch wohlfeilere, wenn auch rohere, Werke zu ersetzen, die jene Anregung auf weniger fein organisierte Gemüther ebenso sicher ausübten, als die Miniaturmalerei auf die Gebildeten. Das Bedürfnifs drängte auf Befriedigung; es mufste die Vervielfältigung zu Hilfe genommen werden, die auf andern Gebieten schon vorhanden war. Der Goldschmiedestempel ist schon Erwähnung gethan; wir gedenken auch der Schablonen, die vorzugsweise für ornamentale Ausstattung bei Wandmalerei längst Verwendung gefunden. Wir haben an anderem Orte darauf aufmerksam gemacht, dafs die Vorzeichner für Stickereien, welche ja häufig durch Hände ausgeführt wurden, die, wenn auch kunstfertig, doch nicht künstlerisch gebildet waren, vielleicht schon Model zum Vordrucken hatten, woraus der Druck auf Papier entstand.

Als dieser seinen Lauf begann, gab es zwei Methoden: entweder von erhabenen, stehen bleibenden Streifen, nachdem in der Masse der Grund tiefer gelegt war, die Linien abzudrucken, welche mit Farbe bestrichen wurden, — der Metall- und Holzschnitt, welcher von den Stempeln der Goldschmiede auf die Model der Sticker und von diesen auf die Drucker übertragen sein mochte; oder die Methode, in Metallplatten die Linien einzugraben, und nachdem diese mit Farbe gefüllt waren, durch Druck und Reiben die in der Tiefe sitzende Farbe auf ein darauf gelegtes Papier zu bringen, — der Kupferstich. Letztere Methode hatte in dem gravierten Schmuck der Goldschmiedearbeiten ihre Vorgänger, und da sicher mancher Goldschmied, um sich ein Muster zu behalten, eine Abreibung oder einen Abdruck solcher Gravierungen nahm, so ist es eben so wenig festzustellen, wann der erste Versuch gemacht wurde, Platten lediglich für den Druck zu stechen, als wann zuerst von einem Stempel oder Holzstock ein Abdruck auf Papier gebracht wurde. Wir können nur sagen, dafs Abdrücke von Stöcken vorhanden sind, welche ein höheres Alter haben, als die ältesten Platten, von denen gleichzeitige Abdrücke gefunden wurden.

Die Frage, aus welchem Material jene Stöcke waren, führt neben dem Holze auf das Metall hin, und man hat zwischen Holzschnittabdrücken und Metallschnittabdrücken den Unterschied erkennen zu können geglaubt. Sorgfältige Prüfung hat uns jedoch belehrt, dafs dies illusorisch ist. So haben z. B. Autoritäten das auf Taf. I. II. dargestellte Blatt für einen Metallschnitt erklärt, weil alle die Kennzeichen, (vorzüglich daraus geschöpft, dafs die Druckfarbe an Metall anders hafte und von diesem sich anders auf Papier übertrage, als es bei Holz der Fall ist,) die ein Blatt zum Metallschnittabdrucke stempeln sollen, dabei zusammentreffen; und doch zeigt das Blatt ausgesprungene Stellen und einen Rifs des (vielleicht vor dem Schnitte aus Theilen zusammengeleimten) Holzstockes, wie er bei Metall nie hätte entstehen können. Rechnen wir aber dazu, dafs die Art der Bereitung und die Stoffe der alten Druckfarbe gar nicht bekannt sind; dafs sie ohne Zweifel bei verschiedenen Druckern verschieden war und in ihrer Zusammensetzung weit mehr die Verschiedenheit liegen mag, als in dem Abdrucken von Holz oder Metall: so möge man uns verzeihen, wenn wir zwischen Holz- und Metallschnitten gar nicht unterscheiden, sondern beide zusammen unter der einfachen Bezeichnung „Holzschnitte“ zur Anschauung bringen.

Freilich mögen von sehr begehrten Blättern die Stöcke schon frühe clichirt, insbesondere solche Clichés für ornamentale Ränder gefertigt worden sein, in welche sodann bewegliche Stücke eingesetzt wurden, wie Taf. XIX, wo vielleicht der Rand noch dem 14. Jahrhundert angehört, und Taf. XXXVIII zeigen. Auch die Bruchstücke ornamentaler Ränder, die von fünf Blättchen auf Taf. XXIII und Taf. XXIV erhalten sind, können hieher gerechnet werden.

Der mannigfachen Zweifeln wegen unterlassen wir es auch hier, die Untersuchung, welche Blätter mit dem Reiber, welche auf der Presse gedruckt sind, zu erörtern.

Wie die Abbildungen zeigen, ist ein großer Theil der Blätter sehr mangelhaft gedruckt, und die Stöcke waren bereits sehr defekt, als unsere Abdrücke genommen wurden. Es geht daraus hervor einerseits, daß sehr viele Abdrücke gemacht sein müssen, andererseits wohl auch, daß die mangelhafte Manipulation die Stöcke sehr abnützte. Wie wenige Blätter aber sind erhalten! Die Heiligenbilder, welche der Bürger und Bauer an seine Bettstätte, an Zimmer- und Stallthüren klebte, sind alle verschwunden; die Andachtsbücher der Mönche und Nonnen, der ehrsamen Bürgersmänner und Frauen sind verschlissen und weggeworfen. Wenn wir nur höchst selten von einem solchen Blatte ein zweites und gar ein drittes Exemplar finden; wenn selbst da oft genauere Vergleich zeigt, daß sie nicht von dem nämlichen Stocke abgedruckt sind; wenn uns Blätter begegnen, von denen offenbar eines die Kopie des andern, oder vielleicht beide Kopieen eines dritten, unbekannten Originales sind: so können wir wohl schließen, daß einst unendlich viele solcher Bilder beim Volke existiert haben müssen; wir können schließen, daß vielleicht, wo von so vielen Blättern nur je ein Exemplar erhalten, noch von unendlich viel mehr Stücken gar keines mehr übrig geblieben ist. Betrachten wir aber die erhaltenen Stücke, so finden wir auch kaum je einen alten Originalabdruck.

Wenn wir z. B. die achte Darstellung auf Taf. XXI, den heil. Thomas, welcher seine Finger in die Seitenwunde Christi legt, mit der vierten auf Taf. XXII, oder die erste daselbst, Christus in der Vorhölle, mit der sechsten auf Taf. XXIII, oder die Opferung Christi auf Taf. XXIII mit der auf Taf. XXIV vergleichen, so kann es keinen Augenblick zweifelhaft erscheinen, daß der Betrieb ein sehr handwerklicher gewesen sein muß.

Wir können deshalb wohl auch andererseits annehmen, daß manche Stöcke sich lange erhalten und noch weit später, als sie geschnitten sind, zum Abdrucke gedient haben; daß selbst, wenn ein solcher vom Volke viel begehrter Holzstock abgenützt war, ein zweiter und dritter, nachmals, vielleicht selbst ein Jahrhundert und noch später, ein vierter und fünfter neuer Stock geschnitten wurde. Wie geht es doch heute noch auf Messen und Jahrmärkten mit den Büchlein, welche „gedruckt in diesem Jahr", illustriert sind mit Holzstöcken, die längst den heutigen Standpunkt der Kunst nicht mehr bezeichnen; und wie oft ist ein und dasselbe Original der früher gestochenen, jetzt lithographierten und bunt bemalten Bilder aus der Geschichte der heiligen Genovefa, die beim Volke in Süddeutschland so beliebt sind, kopiert worden. Welch überwundener Standpunkt für die heutzutage große Kunst ist das; und doch wie fest hält das Volk daran! So mag es auch ehedem gewesen sein.

Wenn wir also eine Datierung geben, so meinen wir damit nicht die Zeit, in welcher der Abdruck entstanden, den wir gerade besitzen, sondern das Original. Bekanntlich sind die wenigsten Blätter datiert durch äußere Umstände oder durch Inschriften von Jahreszahlen, und bei datierten stimmt die Jahreszahl manchmal nicht mit den Formen. Wir müssen also stets innere Gründe zum Prüfstein nehmen und können eine äußerlich gefundene Jahreszahl nur da gelten lassen, wo sie mit den innern Gründen stimmt. In diesem Falle aber hilft sie uns zu der werthvollsten Präcisierung. Wir haben geglaubt, auf diese Gründe gestützt, unsere Blätter ziemlich genau bestimmen zu können. Während für die frühern Zeiten uns ausschließlich der allgemeine Entwicklungsgang der zeichnenden Künste leiten mußte, in Verbindung mit dem Kostüm bei einzelnen Blättern, haben wir aus der Mitte des 15. Jahrhunderts Blätter, deren äußerliche Datierung unanfechtbar ist; aus der Zeit von 1460 an aber unzählige Parallelen in den mit Holzschnitten versehenen, gedruckten Büchern, die bestimmte Jahreszahlen tragen. Auch hierin kommen jedoch zum Theile beträchtlich ältere Holzschnitte vor. Es bedarf der Prüfung, ob sie für die vorliegende Auflage des Buches, ob etwa für eine ältere geschnitten sind, ob sie sonst schon gedient haben, ob sie vielleicht nur zufällig in einem Buche zum Abdruck gekommen sind. War es schon aus diesem Grunde nöthig, eine Anzahl von Holzschnitten aus Büchern herbeizuziehen, so schien es uns wichtig, von denen, die als Unica zu betrachten sind, auch

Proben zu geben und mehrere andere hinzuzufügen, um gewissermassen eine ganze Geschichte des Holzschnittes im 14. und 15. Jahrhundert an den Augen vorüberziehen zu lassen.

An manche dieser Blätter knüpfen sich ernste Studien. Sie konnten jedoch hier des Umfanges wegen nicht reproduciert werden, eben so wenig, als wir alle die Gründe anführen, die uns veranlassen mussten, von der Bestimmung abzugeben, welche unsere Vorgänger in der Datierung dieser seltenen Blätter getroffen hatten; auch können wir die gesammte Literatur über jedes einzelne Blatt, deren mehrere in der That eine vollständige Literatur haben, nicht anführen. Wir können nur sagen, dass stets sorgfältige Erwägungen und keineswegs irgend welche Voreingenommenheit uns bestimmt haben, die Entstehungszeit so enge als möglich einzugrenzen. Wenn es nun mit Rücksicht darauf, dass ja einzelne Meister oder Grenzlinien länger an alter Weise festgehalten haben, dass Kopieen von Kopieen gemacht worden sind, dass einzelne Lokalschulen nicht vollständig dieselbe Entwicklungsstufe zu jeder Zeit hatten, vielleicht Einem oder dem Andern scheinen sollte, dass wir die Zeitgrenzen, die unter den Bildern stehen, zu enge gesteckt haben, so mag das eben nur als die mittlere Zeit gelten, der man noch ein halbes oder ganzes Jahrzehend nach vor- oder rückwärts zugeben kann. Dass ein der übrigen Kunst paralleler Entwicklungsgang gerade so sich darstellt, wird niemand bestreiten. So mögen denn die dürftigen, den einzelnen Blättern beigegebenen Notizen genügen.

Nürnberg, im September 1873.

A. Essenwein.

Verzeichnifs der Holzschnitte des 14. und 15. Jahrhunderts im germanischen Museum.

Hinsichtlich der in das Verzeichnifs mitaufgenommenen Bücher ist zu bemerken, dafs wir die datierten mit dem Jahre 1499 abgeschlossen haben. Der Charakter des Holzschnittes änderte sich zwar nicht gerade mit diesem Jahre, vielmehr bleibt er sich noch einige Jahrzehnte ziemlich gleich, da einerseits grofse Meister, wie Dürer, schon früher gearbeitet, andererseits handwerkliche Leistungen neben jenen künstlerischen der bekannten Meister lange fortgiengen. Aber gerade deshalb war es auch schwer, eine Grenze zu finden, die hätte leiten können, und es mufste deshalb die erste Jahreszahl des 15. Jahrhunderts angenommen werden. Bei undatierten liefs sich hier weniger sicher gehen, und es sind einige der Wende des Jahrhunderts angehörige Bücher aufgezählt, die vielleicht doch eher dem 16. als dem 15. angehören. Was die Anzahl der angeführten Holzschnitte betrifft, so sind stets die in unserem Exemplare befindlichen gezählt, auch wo kleine Defekte desselben annehmen lassen, dafs intakte Exemplare mehr bosafsen. Was die Einzelblätter betrifft, so gehen es pasend, die der grofsen Meister, wie z. B. Dürer's, nicht in das Verzeichnifs aufzunehmen, auch wenn sie noch im 15. Jahrhundert entstanden sind, da sie doch schon der neueren Zeit angehören, und wir nur das Ausklingen der alten, etwa mit Wohlgemuth's und seiner Zeitgenossen Schule, ins Auge fassen wollten. Volle Consequenz ist natürlich dabei nicht möglich gewesen. Wer aber mit Rücksicht auf die Geschichte des Holzschnittes die Sammlung betrachtet, wird mit unserer Anordnung einverstanden sein; wer sie mit Rücksicht auf den Bestand des Museums betrachten will, möge unseren Katalog der Holzschnitte vergleichen. Dafs wir Abdrücke einiger weniger Holzstöcke beigefügt haben, von denen wir selbst annehmen, dafs sie dem 16. Jahrhundert angehören, wird wol keiner Rechtfertigung bedürfen.

---

1. Taf. I. II. Der Tod der heiligen Jungfrau. 1370—1380. Vordem im Besitze von Butsch in Augsburg, sodann in Weigel's Sammlung, Nr. 21. Wasserzeichen des Papiers: Lilie. Das Heverdegen'sche Antiquariat in Nürnberg soll ein zweites Exemplar besessen haben. H. 693.

2. Taf. III. St. Christoph. 1350—1370. Vordem im Besitze Hafeler's in Ulm. Ein zweites verschiedenes Exemplar hatte Weigel (Sammlung, Nr. 12) von Hafeler erhalten. Wasserzeichen: Ochsenkopf. H. 694.

3. Taf. IV. Christus unter der Kelter. 1350—1370. Vordem Weigel'sche Sammlung, Nr. 73. Ohne Wasserzeichen. H. 653.

4. Taf. V. St. Georg. 1370—1390. Vordem Enger in München, sodann Weigel, Nr. 14. Ohne Wasserzeichen. H. 622.

5. Taf. VI. Sta. Dorothea. St. Alexius. Die Kreuztragung. 1370—1380. Das Blatt trägt handschriftlich die spätere Jahreszahl: Anno domini 1443. Es befand sich ehedem auf der Innenseite des Einbandes eines Manuscriptes von Nicolai Dunkelspül sermonum pars hiemalis, das wol 1443 beendet wurde und 1483 im Besitze des F. Jacobus Manzenberger, Ord. S. Spiritus ac Johanns ecclesie B. M. V. in Memmingen, war; später in der Abtei Buxheim geschenkt, wurde das Blatt ausgelöst und mehrmals verkauft; zuletzt Weigel, Nr. 28. Ohne Wasserzeichen. Siehe darüber: v. Murr, Journal zur Kunstgeschichte II., S. 115. Heller, Geschichte der Holzschneidekunst, S. 43. Jansen, Origines de la gravure, tome I., p. 236. Passavant, Peintre-Graveur, tome I., p. 35. Ottley, an Inquiry concerning the Invention of Printing p. 188 f. Falkenstein, Geschichte der Buchdruckerkunst, S. 16. H. 628.

6. Taf. VII. Die Auferstehung Christi. 1380—1400. Vordem Butsch in Augsburg, sodann Weigel, Nr. 30. Ohne Wasserzeichen. H. 647.

1

7. Taf. VIII. Die Kreuztragung. 1380—1400. Vordem Weigel, Nr. 15. Ohne Wasserzeichen. H. 624.

8. Taf. IX. X. Die Waffen Christi. 1380—1420. Vordem Butsch in Augsburg, sodann Weigel, Nr. 80. Wasserzeichen: Wage. Vgl. Passavant, Peintre-Graveur, tome I., p. 45. Trotz der Verschiedenheit in der künstlerischen Erscheinung enthält das Blatt so manche Eigenthümlichkeit der 14. Jahrhunderts, dass wir obiges Datum geben mußten. H. 631.

9. Taf. XI. Weibliche Heilige. 1400—1420. Ehedem im Deckel eines 1455 von Martha Gruder in Nürnberg geschriebenen Buches, später im Besitz des St. Clarakloster daselbst; Börner'sche Kunstsammlung; Weigel, Nr. 26. Ohne Wasserzeichen. H. 619.

10. Taf. XI. Sta. Apollonia. 1400—1420. Vordem Butsch in Augsburg, später Weigel, Nr. 25. Ohne Wasserzeichen. Vgl. Passavant, Peintre-Graveur, tome I., p. 14. H. 630.

11. Taf. XII. Die Verkündigung. 1400—1420. Aus dem Einbande einer 1449 im Kloster Insigkofen (bei Sigmaringen) geschriebenen Handschrift, die aus Hafsler's Besitz in's germanische Museum gekommen: Bibl. Nr. 28,641. Ohne Wasserzeichen. Ein zweites Exemplar (Weigel, Nr. 23) stammt gleichfalls von Hafsler. Vgl. Passavant, Peintre-Graveur, tome I., p. 31. H. 626.

12. Taf. XIII. Die Messe des heiligen Gregor. 1406—1415. Vielbesprochenes, niederländisches Blatt; schon im Besitze von Weigel's Vater. Uebereinstimmung im Stile mit der älteren, künstlerisch schönen Ausgabe der Biblia pauperum. Wasserzeichen: Ochsenkopf. Vgl. Falkenstein's Geschichte der Buchdruckerkunst, S. 16. Passavant, Peintre-Graveur, tome I., p. 110. W. Holtrop, Monuments typographiques des Pays-Bas au quinzième siècle, VI. Livr., Nr. 32. Wenn schon ungeachtet der ganze Charakter dieses Blattes mit den oberdeutschen Werken jener Zeit, deren großer Deutlichkeit bei Taf. I—XII und XIV—XVI auffällt, nicht stimmt, so können wir doch keinen ernstlichen Grund ersehen, der gegen die Entstehung des Blattes zu der Zeit, wo der Ablaß gegeben wurde, spräche, schreiben also die Abweichung der Schule zu. H. 619.

13. Taf. XIV. XV. Bruchstück einer Darstellung der Reichskleinodien. 1420—1440. Nach der Handschrift einer darauf befindlichen Notiz ehemals Panzer's Besitz, also wol das Exemplar, wonach die Beschreibung in Chr. G. Müller's Verzeichnis v. Nürnb. Kupferstichen etc. S. 123 gegeben ist. Der Schnitt wol bald nach der Uebertragung der Kleinodien in Nürnberg gefertigt. Der Abdruck dem Papiere nach jünger. H. 736.

14. Taf. XVI. Die Wunden Christi. 1420—1440. Weigel, Nr. 202. Ohne Wasserzeichen. H. 641.

15. Sta. Brigitta. 1420—1440. Heerdegen'sches Antiquariat in Nürnberg. Ohne Wasserzeichen. Breite, aber leicht hellbraun gedruckte Umrisse. Das Blatt ist so stark coloriert, daß die Reproduktion unmöglich ist. H. 736.

16. Taf. XVII. St. Georg. 1420—1440. Vordem Heerdegen'sches Antiquariat in Nürnberg. Ohne Wasserzeichen. H. 329.

17. Taf. XVIII. Die Waffen Christi. 1420—1440. Vordem Hafsler. Ohne Wasserzeichen. H. 651.

18. Taf. XIX. Christus am Kreuze. 1441. Das Blatt befand sich auf der Innenseite des Vorderdeckels eines Manuscriptes: „Von dreyerlay wesk", das, 1441 geschrieben, ehemals den Franziskanern zu Unterdorf und Insigkofen gehörte, später Hafsler, jetzt der Bibliothek des germ. Mus. Nr. 28,860. Die Schrift von derselben Hand, die das ganze Buch geschrieben, geht theilweise auf den Papierrand des Holzschnittes selbst, der somit nicht später eingeklebt sein kann, als 1441. Wasserzeichen nicht erkennbar, weil das Blatt aufgeklebt ist. H. 644.

19. Taf. XX. Christus am Kreuze. 1440—1450. Holzstock. Kloster Sulingen, später Hafsler.

20—44. Taf. XXI—XXIV. 25 Blättchen verschiedener Reihenfolgen des Lebens Christi, Lebens der Maria, der Passion, von verschiedenen Händen und verschiedenem Kunstwerthe, sind mit Ausnahme der Opferung Christi (Weigel, Nr. 117) aus 2 Manuscripten gelöst, dem schon bei Taf. XII erwähnten aus lustigkeiten und einem solchen aus Kloster Eichingen, beide vordem bei Hafeler, jetzt in der Bibliothek des germ. Mus., letzteres Nr. 28,607.   II. 644. 658—675. 677—681.

45. Taf. XXV. Die Geburt Christi. 1440—1450. Herkunft unbekannt; auf einer Auction in München 1873 erworben. Ohne Wasserzeichen.   II. 799.

46. Taf. XXVI. Der Tod der heiligen Jungfrau. 1440—1450. Wir hatten bei Durchsicht des illustrierten Werke des 15. Jahrhunderts häufig die Bemerkung zu machen, dass ältere Holzstöcke erst später noch Verwendung gefunden. So erscheint auch gegenwärtiger Holzschnitt erst in der 1513 zu Strassburg von Hupfauf gedruckten Legendensammlung, welche den Titel führt: „der heiligen leben".   Bibl. 2261.

47—53. Taf. XXVII. 7 Blätter Heiligenfiguren. 1440—1450. Eingeklebt in ein handschriftliches deutsches Gebetbüchlein. Dasselbe enthält ausserdem 1 Schrotblatt und 33 Kupferstiche, die noch vor die Mitte des 15. Jahrhunderts fallen. Angeblich aus Ulm 1851 in die v. Aufsess'sche Sammlung gekommen. Verschiedenes deutet auf nürnbergischen Ursprung.   Bibl. 1734.

54. Taf. XXVIII. Der Tod des heiligen Sebastian. 1440—1450;

55.   „   Sta. Dorothea. 1440—1450. 2 Holzstöcke, ehemals Kloster Südlingen, später Hafeler.

56. Taf. XXIX. Die heilige Jungfrau. 1440—1450. v. Aufsess'sche Sammlung; wol nürnbergisch. Ohne Wasserzeichen.   II. 128.

57. Taf. XXX. Christus am Kreuze. 1440—1450. Ehemals eingeklebt in eine deutsche Legendensammlung aus der zweiten Hälfte des 15. Jahrhunderts; im germanischen Museum (Bibl. 2261). Die 2 Seitenfiguren, Maria und Johannes, welche ehedem vorhanden waren, wurden offenbar schon vor Einkleben in den Band herausgeschnitten.   II. 717.

58. Taf. XXXI. Die Verkündigung. 1440—1450. Weigel, Nr. 81. Wol dasselbe Blatt, welches, aus dem Buxheimer Codex „Laus Virginis" von 1417 stammend, Lord Spencer besitzt, und das oft besprochen ist. Vgl. v. Murr, Journal zur Kunstgeschichte, II. Theil, S. 106. Dibdin, Bibliotheca Spenceriana Vol. I. p. 8. Ottley, Inquiry into the origin and early history of engraving p. 64. Ottley, an Inquiry concerning the invention of Printing p. 189. Passavant, Peintre-graveur, tome I., p. 81. Ein zweites Exemplar, aus Freising stammend, mit so geringen Abweichungen, dass nur sorgfältige Prüfung einen anderen Stock erkennen lässt, befand sich bei Weigel, Nr. 18. Nur die sonst so ausgesprochenen Ansichten über noch früheren Ursprung veranlassen uns, obiges Datum zu geben. Wir würden das Blatt noch später datiren. Die Anlage der Schattierung verbieten uns durchaus, eine frühere Entstehungszeit anzunehmen. Ohne Wasserzeichen.   II. 835.

59. Taf. XXXII. Die Verkündigung. 1440—1450;

60.   „   St. Franciscus. 1440—1450. Auch diese beiden Holzstöcke sind in der Legendensammlung vom 1513 abgedruckt. Siehe oben Nr. 46.

61. Taf. XXXIII. Sta. Verena. 1440—1450. Ebendaher.

62.   „   Liegende Gazelle. 1350—1450. Ehemals Weigel, Nr. 232. Papierabdruck eines Zeugdruckmodels. Die Thierfigur gehört dem Formenkreise an, der sich in den Mustern der italienischen Seidenstoffe des 14. und 15. Jahrhunderts ausgebildet hat. Ohne Wasserzeichen.   II. 649.

63. Taf. XXXIV. St. Sigismund. 1440—50. Aus einem Mscpt., dem Artikelbuche der Ulmischen Zunft der Granberher, Wollschlager und Huter von 1485, ehemals in Hafeler's Besitz, jetzt Bibliothek des germ. Museums Nr. 29,684, mit dem folgenden Blatte ausgehoben. Die Stellung der Figur und das Kostüm erinnern an Werke des Kölner Meisters Stephan, so dass dessen Thätigkeit für die Zeitbestimmung massgebend erscheint. Ohne Wasserzeichen.   II. 684.

64. Taf. XXXV. Sta. Helena. 1450—1460. Obwohl aus demselben Codex genommen und in mancher Richtung als Pendant zum vorigen Blatte aufzufassen, können wir doch gleichzeitige Entstehung aus verschiedenen Gründen nicht annehmen, entscheiden uns vielmehr für etwas spätere Zeit. Wasserzeichen: Kanne.   II. 683.

4

65. Taf. XXXVI. Sta. Veronika mit dem Schweißtuch. 1440—1460. Herkunft unbekannt. Ohne Wasserzeichen. II. 411.
66. Taf. XXXVI. Der Fischzug Christi. 1450—1460;
67.   „   „   Enthauptung eines Heiligen. 1450—1460.
Beide letztere aus Unpfauf's Legendensammlung, Straßburg 1513. Vgl. Nr. 46, Taf. XXVI.
68. Taf. XXXVII. Die heilige Jungfrau. 1450—1460. v. Aufseß'sche Sammlung. II. 412.
69. Taf. XXXVIII. Das Martyrium des heil. Johannes des Evangelisten. 1450—1460. Früher Butsch in Augsburg, sodann Weigel, Nr. 73. Vgl. Passavant, Peintre-Graveur, I, p. 25 u. 32. Wasserzeichen: Ochsenkopf. II. 640.
70. Taf. XXXIX. Sta. Helena. 1450—1460;
71.   „   „   Sta. Brigitta. 1450—1460;
72.   „   „   Der Tod der heil. Jungfrau. 1450—1460. 3 Holzstöcke; ehemals Kloster Söflingen, sodann Hafeler.
73. Taf. XL. Sta. Katharina. 1450—1460. Ehemals Weigel, Nr. 149. Ohne Wasserzeichen. II. 646.
74.   „   „   St. Onofrius. 1450—1460. Ehemals Weigel, Nr. 210. Ohne Wasserzeichen. II. 647.
75. Taf. XLI—XLII. Speculum humanae salvationis. 1450—1460. Ehemals Weigel, Nr. 186. Ein verwandtes Blatt, vielleicht Copie des gegenwärtigen, im Münchener kgl. Kupferstichkabinet mit der Jahreszahl 1466. Ohne Wasserzeichen. II. 643.
76. Taf. XLIII. Christus und die Nonne. 1450—1460. Ehemals Weigel, Nr. 91. Wir behalten die Bezeichnung bei, unter der das Blatt bekannt geworden, obwohl sie thatsächlich falsch ist, da die weibliche Figur keine Nonne, die Darstellung vielmehr eine Allegorie auf die Nachfolge Christi ist. Der Text, wovon hier nur der Anfang gegeben ist, enthält, in Holz geschnitten, auf zwei Columnen je 36 Verszeilen in 9 Strophen. Die Initialen der Strophen sind am unteren Rande der Tafel facsimilirt. Ohne Wasserzeichen. II. 634.
77. Taf. XLIV. Die Messe des heiligen Gregor von Battlas Ulmer. 1450—1470. Ehemals Weigel, Nr. 92. Rohes Blatt, aber wol eines der ältesten mit Künstlernamen oder Namen des Druckers. Der darauf genannte Papst Clemens könnte nur der Gegenpapst aus der Zeit des Constanzer Concils sein; wir können uns jedoch nicht entschließen, das Blatt so hoch hinauf zu datieren. Ohne Wasserzeichen. II. 638.
78. Taf. XLV—XLVI. Turris sapientiae. 1450—1470. Ehemals früher in München, sodann Weigel, Nr. 111. Ein vollständig gleiches Exemplar im brittischen Museum, für dasselbe 1849 auf der Libri'schen Auction erworben. Ein dritter besaß 1852 Buchhändler Lilly in London. Unser Exemplar vervielfältigt von Stöger. Vgl. Sotheby, Principia typogr. II, 166. Passavant, Peintre-Graveur I, p. 42. Wasserzeichen: Hand. II. 650.
79. Taf. XLVII—L. Die 9 Stellungen des heil. Dominicus beim Gebet. 1450—1470. v. Aufseß'sche Sammlung. Großes Blatt, am theraldisch linken Rande getrennt; offenbar mit einem einzigen, großen Stocke auf einen in der Mitte zusammengeklebten Doppelbogen gedruckt. Wir würden das Blatt früher datiert haben, wenn nicht die Größe desselben uns veranlaßt hätte, an spätere Zeit zu denken. Wasserzeichen unsichtbar, weil das Blatt aufgeklebt ist. II. 134.
NB. Das Gewand des Heiligen ist zu stark schwarz coloriert, daß die darunter befindliche Zeichnung unkenntlich ist und die Copierung nur unter Beibehaltung des Schwarz möglich wurde.
80. Taf. LI. LII. Das Leben des heil. Jacobus. 1450—1470. Ehemals Butsch in Augsburg, sodann Weigel, Nr. 49. Ohne Wasserzeichen. II. 636.
81. Taf. LIII. St. Wendelin. 1460—1470. Holzstock; ehemals Kloster Söflingen, sodann Hafeler.
82. Taf. LIV. Die Enthauptung der heiligen Katharina. 1460—1470. Rückseite des Stockes der vorigen Nummer.

63. Taf. LV. Bruchstück von des Flavius Vegetius Renatus „kurczer ord von der Ritterschafft zu de' großmechtigsten kaiser Theodosio feiner hierher vierze" (übers. von Ludw. Hohenwang von Tal Liechtagen). O. O. u. J. 5 Blätter mit 10 Holzschnitten (1460—1470) unter erklärenden Ueberschriften. Ebert, B. II, Sp. 1016, Nr. 23,455. Mit dem Jahre 1470 sind Holzschnitte in Büchern bereits nichts Seltenes mehr. Es finden sich jedoch manche, die älteren Ursprunges sind. Zu den allerältesten gehören der Haltung nach die der vorliegenden Ausgabe des Vegetius. Eine italienische Ausgabe von 1472 hat bereits Holzschnitte, die denen der undatirten deutschen Ausgabe verwandt, aber künstlerisch vollendeter sind. Nach dem ganzen Gange der Holzschneiderkunst können wir jedoch die Stücke der deutschen Ausgabe nicht für jünger, also nicht für unvollkommnere Copieen des italienischen von 1472 halten, glauben vielmehr, daß beide nach Manuscripten copirt sind, die auf gemeinschaftlichere Quelle beruhen. Deutsche Manuscripte, so Cod. germ. 734 der Münchener kgl. Hof- und Staatsbibliothek, enthalten einzelne der Bilder als Bestandtheile von Feuerwerkbüchern. Johannes Formschneider, der Stücke des eben erwähnten Codex gezeichnet hat, nachdem er sie in Nürnberg „wol 30 Jahre gehöret", wurde daselbst 1440 als Bürger aufgenommen. So waren also um 1460—1470 nichts Neues mehr.   Bibl. 17,104

64. (Moser, Ludwig). Bereitung zu dem heiligen fronnard mit andechtigen betrachtungen vñ gebeten vor und nach. O. O. u. J. 8.
   Mit 55 rohen Holzschnitten von drei verschiedenen Händen. Schwäbische Schule; c. 1450, 1460 u. 1480. Weller, repert. typ. Nr. 101.   Bibl. 37,373

65. Taf. LVI. LVII. Das passional van Jhesus vnd' Marien leuende. (Am Schluß:) Lubek, 1478. 4. Ehemals Weigel, Nr. 525. Früheren Bibliographen unbekannt.
   Mit 114 Holzschnitten von verschiedenen Händen; c. 1450—1470. Zm Theil derselben umgekehrte Copieen der Zwolleschen Kupferstichpassion.   Bibl. 38,363

66. Taf. LVIII. Bruchstück von (Guido de Columna) Historia wie Troja die köstlich Statt zerstört ward. (? Augsperg, J. Bämler, 1474.) 2.
   140 Blätter mit 60, zum Theil wiederholt abgedruckten, colorirten Holzschnitten. Augsburger Schule, in mehreren Händen vertreten; c. 1460—1470.   Bibl 271

67. Taf. LIX. Die Kreuzabnahme. 1460—1470. Aus einem Fragmente einer xylographischen Ausgabe der Historia sanctae crucis. Ehemals Weigel, Nr. 255. Einzig bekannt gewordenes Bruchstück dieser Ausgabe; enthält 6 colorite, jedoch schwer erkennbare Scenen. Bogen g. Wasserzeichen: Anker. Vgl. Passavant, Peintre-Graveur I, p. 50   B. 655.

68. Taf. LX. LXI. Bruchstück von 3 Blättern einer Ars moriendi et Tentacio dyaboli de fide. S. l. et a. 4. 1460—1470.
   Mit 2 Holzschnitten. Diese Blätter eines Holzplattendruckes gehören wahrscheinlich zu der Ausgabe, welche Gotze in seinen Merkwürdigkeiten der kgl. Bibliothek zu Dresden genauer beschrieben und woraus Falkenstein in seiner Geschichte der Buchdruckerkunst (Taf. 3, zu S. 73) einen Holzschnitt abgebildet hat. Ebert 3, 108, Nr. 3251, VII. Vgl. Weigel, Nr. 250—251, wo auch die Literatur angeführt ist. Wasserzeichen: Kaiserkrone.   Bibl. 15,014

69. Martyrologium. Fol. 1a Tit.: Martilogiß (die) der heiligen Nach dem kalender. F. 2a: Gennes. DIE Genner hat tage 31, manna 16. stunden etc. F. 8a: Die Lesetaffel etc. F. 2a: DEm nach folget das martililogß zu teütsch, in kaleuders wyse etc. F. 67b schluss: vnd durch die fürbitten und verdienen aller ainer heiligß vñ heiligin. Amen. Straßburg, Johannes prüß, 1484. 2.
   Mit Adelslamann und Initialen mit Monatsbildern; c. 1470. Hain II, Nr. 10,874. Panzer I, p. 146, Nr. 196.   Bibl. 17,834

70. Taf. LXII. Defensorium inviolatae perpetuaeque virginitatis Mariae. S. l. et a. (Typis Reyseriania (?), c. 1470). 4.
   Mit 55 rohen Holzschnitten. Letztes Blatt fehlt. Hain I, Nr. 6304. Ehedem Weigel, Nr. 282. Bibl. 38,359.

91. Taf. LXIII. Ingold, hie hebt sich das buch an das man nent du guldin spil, vnder dem begriffen sind
    sibeu spil, durch welche die hausbünd der auch an der real sibeu seynd ... erklärt werdt. (Augspurg.)
    g. griner aufs vreidtagen. 1472. 2.
    Mit 72 Holzschnitten. Augsburger Schule; c. 1470. Ebert, Nr. 10,515. Hain 11, 1, S. 130, Nr. 9187.
    Panzer I, S. 65, Nr. 15.   Bibl 2643.

92. Taf. LXIV. Pestbild. 1460—1470. Ehemals Weigel, Nr. 161. Gott Vater schickt 3 Pfeile (Pest,
    Hungersnoth und Krieg) auf die Menschen, für welche Christus und Maria bitten. Ohne
    Wasserzeichen.   H. 645.

93. „   „   Sta. Margaretha. 1460—1470. Ehemals v. Aufseß'sche Sammlung. Ohne Wasser-
    zeichen.   H. 416.

94. Taf. LXV. Sta. Dorothea und die heilige Dreifaltigkeit. 1460—1470;

95. „   „   Die heilige Ursula mit ihren Genossinnen. 1460—1470;

96. „   „   Die Aufrichtung des Gekreuzigten. 1460—1470. 3 Holzstöcke; ehemals Söflingen,
    sodann Hafner.

97. Taf. LXVI. Die Erschaffung der Thiere. 1460—1470;

98. „   „   Die Erschaffung der Eva. 1460—1470;

99. „   „   Der Judaskuss. 1460—1470. 3 Holzstöcke; ehemals Kloster Söflingen, später Hafner.
    Die von Hafner übernommenen Holzstöcke aus Kloster Söflingen enthalten eine ganze Reihe nahezu
    gleichgroßer, theilweise auf beiden Seiten geschnittener Stöcke mit Darstellungen aus der heil. Geschichte.
    Hierher gehören: die Aufrichtung des Gekreuzigten auf Taf. LXV, die Darstellungen auf Taf. LXVI,
    LXVII, LXVIII, sowie CXXXI CXXXII, CXXXIII, welche zwar von verschiedenen Meistern, selbst aus
    verschiedenen Zeiten sind, aber doch wol ursprünglich eine Serie gebildet haben, zu der noch manche
    andere, inzwischen verlorene, zählen mochten. Man besorgte sich wol in jenem Kloster den Bedarf
    an Heiligenbildern selbst, druckte von den Stöcken, so lange es anging, und ließ einen neuen fertigen,
    sobald irgend einer gänzlich unbrauchbar war. Daher dann die Verschiedenheit der Hände und Zeiten.

100. Taf. LXVII. Die Begegnung Joachim's und Anna's unter der goldenen Pforte. 1460—1470;
101. „   „   Die Beschneidung Christi. 1460—1470;
102. „   „   Die Dornenkrönung. 1460—1470;
103. „   „   Christus erscheint dem heiligen Thomas. 1460—1470. 4 Holzstöcke; ehemals
    Kloster Söflingen, später Hafner. Vgl. Taf. LXVI, Nr. 97 99.

104. Taf. LXVIII. Die Geburt der heiligen Jungfrau. 1460—1470;
105. „   „   Die Geburt Christi. 1460—1470;
106. „   „   Die Auferweckung des Lazarus. 1460—1470. 3 Holzstöcke; ehemals Kloster
    Söflingen, später Hafner. Vgl. Taf. LXVI, Nr. 97 99.

107. 71 Blätter aus dem Speculum humanae salvationis cum speculo S. Mariae Virginis, lat. et ger-
    manice. 8. l. et a., (Augsburg, G. Zainer, ca. 1472.) 2.
    Mit 52 Holzschnitten. Augsburger Schule; c. 1470.   Bibl 5069.

108. Taf. LXIX. Blatt aus der deutschen Ausgabe der Biblia Pauperum. 1470. Aus der großen
    Literatur über die Biblia pauperum heben wir nur einige, auf die deutsche Ausgabe von F. Walther
    und H. Börning bezügliche hervor, der jenes Blatt angehört, und zwar: Heinecken, Idée
    générale p. 325. T. O. Weigel und A. Zestermann, die Anfänge der Druckerkunst, II. Band, Seite 140 ff.
    Nr. 272. Falkenstein, S. 27. Wasserzeichen: Ochsenkopf.   H. 749.

109. Bibel. Ganze heylige geschrifft. (Altes und neues Testament.) Augspurg, G. Zainer. 1473—1475. gr. 2.
    Mit colorirten, zum Theil mit figürlichen Darstellungen ausgestatteten Initialen; c. 1470. Ebert, Nr. 2165.
    Hain I, 1, S. 418, Nr. 3153. Panzer I, S. 14, Nr. 12.   Bibl. 513.

110. Fragment von ... Are memoratiua ... zu hilff ... eins yeden menschen natürlicher gedächtnus. ? Augsburg, o. J. 4. (Hain I, 1, S. 227, Nr. 1827; Aug. Vlad. Ant. Sorg.)

Vorhanden sind: Titel-Holzschnitt und Text 1. — 6. Blatt (mit je 27 Zeilen), dann Seite 2 — 13 der Figuren. Augsburger Schule; c. 1470. Bibl. 166.

111. Taf. LXX. Gaistliche vßlegung des lebn Jhefu Cristi. O. O. u. J. (um 1470.) 2°

Mit colorierten Holzschnitten, welche M. Schön zugeschrieben wurden. Panzer I, 1, S. 20, Nr. 20. Hain I, 1, 268, Nr. 2146. Weigel Kunstcatalog IV, Nr. 18,337; sehr selten.

In unserem Katalog findet sich folgende Notiz von Börner:

„Ich finde nicht, daß es erwiesen, nach Schön's Zeichnungen gefertigte Holzschnitte gebe; daß Schön selbst in Holz geschnitten habe, ebenfalls nicht. Manche der im Buche enthaltenen Vorstellungen erinnern aber sehr an M. Sch.; die Grablegung (Bl. r. j recto) habe ich mit dem Stiche des M. Sch. verglichen: in diesem liegt der von hinten gesehene Apostel ebenso den Arm an Maria, wie im Holzschnitt (nur zeigt sich im Stich alles von der Gegenseite); der Leichnam Christi ist dort mit herabhängendem Arme, übrigens in ähnlicher Richtung zu sehen, Maria gleichfalls im Profil; — und so mögen die Zeichnungen zu mehrerm der Holzschnitte, wenn auch nicht von M. Sch. selbst, doch von einem tüchtigen Schüler desselben herkommen, der hie und da seines Meisters Arbeiten benützt und daraus in seine Arbeiten übertrug." Bibl. 909.

112. Taf. LXXI. Sta. Brigitta. 1470—1480. Ehemals Weigel, Nr. 193. Ohne Wasserzeichen. R. 643.

113. „ „ St. Maternus. 1460—1490. Ehemals Weigel, Nr. 178. Ohne Wasserzeichen. R. 644.

NB. Das Original ist nicht schwarz, sondern brillbraun gedruckt.

114. Taf. LXXII. LXXIII. Jacobus de Theramo: das buch Belial genant, vß der gerichts ordnung zu einer besundern lere vnd vnderweysung der richtern, ein nützlich vnd köstlich buch. Augsburg, J. Bämler. 1473. 2.

Mit 34 Holzschnitten, Augsburger Schule; c. 1470. Panzer I, 70, Nr. 24. Ebert, Nr. 10,667. Bibl. 2611.

115. Taf. LXXIV. Das buch der geschicht des grossen alexanders: (wie die Kalestion beschriben hat) von Johannes hartlieb in teutsch transferiert. Straßburg, Mart. schott, 1488. 2.

Mit 25 colorierten Holzschnitten und 1 Initial. Die Blätter 105—107 (Schluß) fehlen. Ebert, Nr. 414. Hain I, 1, S. 87, Nr. 971. Panzer I, S. 175, Nr. 267. Schwäbische Schule; 1470—1480. Bibl. 68.

116. Taf. LXXV—LXXX. Buch der natur ... welches meister Cunrat von Megenberg von latein in teutsch transferiert. Augspurg, h. Bämler (14)75. 2.

Mit 10 color. Holzschnitten. Augsburger Schule; c. 1470. Bibl. 4339.

117. Taf. LXXXI. Andree, Johann: den bom der gesipten Frundschafft ju teutsch kurtz zu beschreiben, wie jn der ... Vorrede ym latin völliger beschriben hatt. Gedruckt zu augspurg, von johanne Bämler, Anno ju dem Lxxiiij jar (1474). 2.

Mit 1 Holzschnitt, Stammbaumformular, c. 1474. Hain I, Nr. 1053. Bibl. 12,553.

118. Taf. LXXXII. Regiomontanus, Joannes: kalendarium nouum, quo praenuntur coniunctiones verae atque oppositiones luminarum, itemque eclipses eorundem figuratae ... ac alia plurima scitu hecessaria. (Nuremberge, 1476.) 4.

Mit 22 Holzschnitten. Börder, catalog. Nr. 457. Will, Gelehrten - Lex. III, p. 280. Abbildungen von verfinsterten Sonnen- und Mondscheiben, Quadranten u. dgl. c. 1476. Bibl. 13,493.

119. Taf. LXXXIII. Cronica von eynem künig Josaphat und heyligen vatter Barlaam. (? Augspurg, Ant. Sorg) O. J. 2°.

Mit 58 Holzschnitten, zum Theil coloriert. Am Ende fehlen 7 Blätter. Ebert, Nr. 1057. (Diese Ausgabe hat 96 Blätter.) Hain I, 2, S. 274, Nr. 5916 (?). — Die nächstfolgende Ausgabe ist von 1477. — Es ist dasjenige Ex., welches Heinecken in der Prämonstratenser-Abtei zu Roth angetroffen hat; s. Panzer I,

S. 25, Nr. 26 und vgl. das. S. 27, Nr. 76, wo bei der Ausg. von 1477 angemerkt ist: „Das Buch ist nichts Anderes, als eine Uebersetzung eines Werkchens, das Johannes Damascenus unter dem Titel: Libre Barlaam et Josaphat soll geschrieben haben."　Bibl. 337.

120.　Schwarcz, Peter, der fürü meschiah. Eßling, Conradus feyner vö Gerhausen, 1477. 4.

Mit 2 Holzschnitten. Panzer, Annalen I, 95, Nr. 73.　Bibl. 25.936.

121.　Taf. LXXXIV. Die Himmelfahrt der heiligen Jungfrau. 1470—1490. Holzstock; ehemals Kloster Süflingen, später Hafeler.

122.　Taf. LXXXV. Die heilige Jungfrau. 1470—1490. Ehemals Hafeler. Ohne Wasserzeichen.　H 653.

123.　„　Das Christkind, Rosen tragend. 1470—1490. Holzstock; ehemals Kloster Süflingen, später Hafeler. Dieselbe Darstellung, jedoch Abdruck eines anderen Stockes, im kgl. Kupferstichkabinete zu München.

124.　Taf. LXXXVI. Cessolis (Cassalis), Jac. v., schachzabel, das buch menschliches lytten vä der zucht der edlen O. O. u. J. 2.

Defekt, enthält nur 11 colorirte Holzschnitte. Ebert Nr. 3959 hat die Ausgabe (Augspurg, Zainer) von 1477: 40 Blätter mit 15 Holzschn. (u. nennt sie sehr selten); dann die Ausg. Augspurg, 1483 und Straßb. Knoblochzer 1483, mit Holzschn. Hain I, 2, S. 94, Nr. 4895—4897 (diese 3. Ausg. ebenfalls). Panzer I, S. 96, Nr. 75 u. Zus. S. 37, Nr. 75 (die Ausg. von 1477) und S. 137, Nr. 173 (die Ausg. Augsp. 1483). Augsburger Schule; c. 1480.　Bibl. 887.

125.　(Rolevink, Werm.), fasciculus temporum omnes antiquorum Cronicas complectens. Spire, Pet. Drach, 1477. 2. Mit 8 Holzschnitten. Ebert, Nr. 7354. Hain I, 2, Nr. 6921 (die achte der angef. Ausgaben). Panzer III, S. 18, Nr. 5.　Bibl. 5312

126.　Taf. LXXXVII. Fasciculus temporum omnes antiquorum cronicas complectens. S. L. u. A. 2.

Mit vielen in Holz geschnittenen Zeichen und 8 figürlichen Darstellungen, darunter erste Versuche der Städteabbildungen; c. 1480. Hain I, 2, 6915.　Bibl. 28.581.

127.　Rodericus, Zamor, Spiegel des menschlichen lebens. Augspurg, H. Bämler, 1479. 2.

Mit 50 Holzschnitten von einem bedeutenden Vorgänger des Hans Burghmair, vielleicht von dessen Vater. Ebert Nr. 19.240. Hain II, 2, S. 226, Nr. 13.949. Panzer I, S.109, Nr. 102.　Bibl. 5304.

128.　Taf. LXXXVIII. Fragment von 25 einzelnen Blättern der Passion nach dem Text der vier evanglisten mit der außlegung der heyligen lerer etc. ?Augspurg, 1480? Bl. 4.

Jedes Blatt mit 1 color. Holzschnitt. Wahrscheinlich entweder von der zweiten oder vierten der nachverzeichneten Ausgaben. Hain II, 2, S. 36—37, Nr. 12.441; Augspurg, Anth. Sorg. 1480. 4. soll Bl. 109 Bl. (à 21—22 L.) o. Blz. C. u. S.; die in der Reihe zunext stehende Ausgabe. Nr. 12.442; das. 1482. 4. m. Bl. 111 Bl. (à 22 L.) o. Blz. C. u. S. Nr. 12.443; Augsp. J. Schönsperger 1483. 4. m. Bl. 148 Bl. o. Blz. C. u. S. Nr. 12.444; Augsp. A. Sorg 1483. 4 m. Bl. 111 Bl. (à 22 L.) o. Blz. C. u. S. — Panzer I, S. 112, Nr. 110 (4); S. 122, Nr. 139 (4); S. 136, Nr. 170 (8); c. Blz. C. & S. S. 137. Nr. 171 (4).　Bibl 4753

129.　Taf. LXXXIX. XC. Rosenkranz-Ablasbild von H. Schaur. 1471 - 1484. Ehemals Weigel, Nr. 207. Die Zeit ist die der Regierung des Papstes Sixtus IV.　H. 632.

130.　Taf. XCI. St. Hieronymus. 1470—1490. Ehemals Weigel, Nr. 168. Ohne Wasserzeichen.　H. 637.

131.　Taf. XCII. St. Sebo. 1470—90. Ehemals Hafeler. Wasserzeichen: Ochsenkopf.　H. 652.

132.　Taf. XCIII. Christus am Kreuze. 1470—1490. Pergamentdruck, 3 Blätter in einem Streifen; die äußeren beiden Text enthaltend mit miniaturartig gemalten Initialen; auch das Bild sorgfältig coloriert. Ehemals v. Auferls'sche Sammlung.　H. 454.

133.　Taf. XCIV. Christus am Kreuze. 1470—1490. Ehemals v. Auferls'sche Sammlung. Ohne Wasserzeichen.　H. 137.

134. Taf. XCV. St. Christoph. 1470–1490. Ehemals Weigel, Nr. 152. Der Text typographisch. Ohne Wasserzeichen.　　　　　　　　　　　　　　　　　　　　H. 656.

135. Taf. XCVI–XCVIII. Bibel in niedersächsischer Sprache; Theil I. (Coln, Heinr. Quentell, um 1480.) gr. 2. 269 Blätter in 2 Col. mit je 57 Zeilen, ohne Sig., Cust. und Seitenz. Mit 91 Holzschnitten von einem Zeichner der spätern v. Eyck'schen Schule. Ebert, Nr. 2347. Erste niedersächsische oder sog. Kölner Bibel. Die Exemplare haben solche Verschiedenheiten, dass man wol 2 verschiedene Ausgaben annehmen darf. Der Dialekt ist eigentlich mehr flämisch, als rein niedersächsisch. Hain I, S. 421, Nr. 3141, wo gesagt ist, dafs das Werk aus 2 Part. bestehe. Panzer I, S. 15, Nr. 13. Falkenstein, S. 155; Nicolans Götz.　　　　　　　　　　　　　　　　　　　　Bibl. 521a.

136. Taf. XCIX. Hie radet sich das buch der weißheit der alten weisen von anbeginne der welt von geschlecht zu geschlecht. Ulm, Lienhart Holl, 1483. 2.
Mit 224 colorierten Holzschnitten. Von einem bedeutenden, in den illustrierten Augsburger Drucken oft wiederkehrenden Meister, der in diesem Werke ohne Zweifel das Vorzüglichste geleistet, ca. 1480. Hain I, I, 562, Nr. 6030. Panzer I, 145, Nr. 389.　　　　　　　　　　　　　　　　　　　　Bibl. 824.

137. Taf. C. Hie volget nach ein liepliche vnd nützliche materi vnd wirt genant der seien wurtzgart. Ulm, Conr. dinckmut, 1483. 2.
Mit 15 zum Theil oft wiederholten Holzschnitten. Hain II, 2, S. 305, Nr. 14,584. Panzer I, 140, Nr. 378. Schwäbische Schule. c. 1480.　　　　　　　　　　　　　　　　　　　　Bibl. 563a.

138. Taf. CI. Ortus sanitatis. auff teutsch. Ain garten der gesundhait. Ulm, Conr. Dinckmut, 1487. 2.
Mit einer figürlichen Darstellung und zahlreichen Pflanzenabbildungen in color. Holzschnitt. Schwäbische Schule; c. 1480. Titel fehlt; Sachregister hand-schriftlich. Hain II, I, 98, Nr. 8952. Bibl 11,412.

139. Taf. CII. Des altväter leben. oder vuo latein vitaspatrum. (Am Ende:) Augspurg, Peter berger, 1488. 2°.
Mit 213 colorierten Holzschnitten; manche Stücke wiederholt abgedruckt. Augsburger Schule; 1480 bis 1488. Panzer I, 171, Nr. 255.　　　　　　　　　　　　　　　　　　　　Bibl. 19,605.

140. Taf. CIII. Das büchlein da do heisst der sele troste mit mänigem hübschen Exempel etc. Augspurg, Anth. Sorg, 1483. 2.
Mit 10 colorierten Holz-chnitten u. dergl. Initialen. Ebert Nr. 23,133. Hain II, 2, S. 305, Nr. 14,583. Panzer I, S. 139, Nr. 177. Augsburger Schule; c. 1480.　　　　　　　　　　　　　　　　　　　　Bibl. 5633.

141. (Reichenthal, Uls. v.) Concilium buch geschehen zu Costencz. Augspurg, Anth. Sorg, 1483. 2.
Mit 42 colorierten Holzschnitten und vielen Wappen. (Defect. Es fehlen die Blätter 77, 90, 94, 137, 179, 206, 219; von Bl. 145 ist die obere Hälfte und von 245 die untere Ecke abgerissen; in den Blättern 117, 138, 156, 175, 184, 188, 192, 201, 204, 209, 211, 213, 217 u. 235 sind je ein Wappen ausgeschnitten.) Ebert, Nr. 5083; dieses Concilienbuch ist das erste gedruckte und ziemlich vollständige Wappenbuch. — Hain I, 2, S. 187, Nr. 5610. — Panzer I, S. 142, Nr. 187 u. Zus. S. 50, Nr. 187. Vogt, S. 266. Schule unbestimmbar; c. 1480.　　　　　　　　　　　　　　　　　　　　Bibl. 5138.

142. Ovidius, Publ., Hie hebt sich an das buch Ouidij von der Liebe zu erwerben, auch die Lieb zu verneuhmen. Als doctor hartlieb von latein zu teütsch gebracht etc. Augspurg, Anth. Sorg, 1484. 2.
Mit 13 Holzschnitten von verschiedenen Händen. Das 1. Blatt fehlt. Panzer I, 154, Nr. 219. Augsburger Schule; c. 1480.　　　　　　　　　　　　　　　　　　　　Bibl. 4099a.

143. Regulor apostolic misse etc. außlegung der heyligen messe. Augspurg, (Ant. Sorg), 1484. 2.
Mit 1 colorierten Holzschnitt. Hain 1, 1, S. 268, Nr. 2144. Panzer I, S. 144, Nr. 193. Augsburger Schule; c. 1484.　　　　　　　　　　　　　　　　　　　　Bibl. 4066.

144. Taf. CIV. (Guido de Columna) hystori von der zerstörung der statt Troja. Augspurg, H. Schönsperger, 1488. 2.
Mit 50 colorierten Holzschnitten. Die Holzschnitte sind zum Theil dieselben, welche schon in der

2

kleinen Ausgabe vorkommen, zum Theil freie Copieen nach denselben oder selbständige Arbeiten. Titelblatt fehlt. Ebert, Nr. 5011. Hain I, 2, S. 178, Nr. 5517. Panzer I, S. 175, Nr. 266.   Bibl. 971.

145. Taf. CV. Herbarius Patavie impressus Anno dmi decimo. LXXXV. 4.
Mit 150 colorierten Holzschnitten. Titelblatt fehlt. Hain II, 1, S. 16, Nr. 8445. Panzer II, S. 361, No. 6. Ursprung unnachweisbar, c. 1485.   Bibl. 1348a.

146. Das buch der arbt gepot. Venedig, erh. ratdolt, 1483. 2°. Mit Initialen.
Hain I, 1, S. 563, Nr. 4034. Panzer I, S. 318, Nr. 175.   Bibl. 1742.

147. Taf. CVI. Opuscula repertorii pronosticon in mutationes aeris tam via astrologica qu metheorologica etc. Arr. Hyppocratis libellus de medicoru astrologia, a Petro de abbano in latinu traductus. Venetiis, Erh. Radtolt, 1485. 4.
Mit Initialen. Hain II, 2, S. 159, Nr. 13,893. Panzer III, S. 216, Nr. 857.   Bibl. 4973.

148. Taf. CVI—CVII. Hyginus, poeticon astronomicon, etc. Venetiis, Erh. Radtolt, 1485. 4.
Mit 40 Sternbildern und Planetenfiguren in colorierten Holzschnitt, von einem sehr originellen Meister. c. 1480. Ebert, Nr. 10,428. Hain II, 1, S. 116, Nr. 9063. Panzer III, S. 214, Nr. 830.   Bibl. 1401.

149. Herbarius (cum appellationibus lat. et german.; 4, 16, 150 et 1 fol.; ed. similis Schoefferianae a. 1484 et fortasse vetustior). 8. l. et a. (1484). 4.
Mit 150 colorierten Holzschnitten, Pflanzenabbildungen. (Ebert, Nr. 9460 zu vergl.) Hain II, 1, S. 16, Nr. 8443. Panzer II, S. 141, Nr. 111.   Bibl. 1348.

150. Taf. CVIIa. b. Ornamente von einem Gesundheitskalender. 1483 u. 1484. Wasserzeichen: Kaiserkrone.   K. B. 137.

151. Taf. CVIIc. Initial- und Ornamentfragment (1480—90) von einem Kalenderfragment des Jahres 1502. Ohne Wasserzeichen.   W. I. 61.

152. Bibel. Durchleuchtigst werck der ganzen heyligen geschrifft, gnant dy bibel... 2 Theile. Nürnberg, Anthonius Koberger, 1483. gr. 2.
Mit 108 colorierten Holzschnitten. Ebert, Nr. 2170. Neunte deutsche Bibel. Hain I, 1, S. 419, Nr. 3137. Panzer I, S. 133, Nr. 168. Vogt, S. 133. Weigel II, Nr. 8502. III, Nr. 13,353. Nürnberger Schule; c. 1480.   Bibl. 16,946.

153. Diß ist die Reformacion der statut vnd gesetze die ein erber Rate der Stat Nüremberg... fürgenomē hat. Nüremberg, Anth. Koberger, 1484. 2.
Mit roher. Titelholzschnitt. Hain II, 2, S. 195, Nr. 13,716. Panzer I, 140, Nr. 205; (vgl. S. 110, Nr. 103.) Will I, 2, S. 3—4, Nr. 954. Nürnberger Schule; c. 1484.   Bibl. 5986.

154. Taf. CIX—CXII. Breydenbach, Bernard. de, opusculum sanctarum peregrinationum ad sepulcrum Christi etc. Mogunt., Erhard. reuwich de Trajecto Inferiori. 1486, die. 21. Februarij. 2.
Pergamentdruck mit 22 zum Theil colorierten Holzschnitten, Initialen u. 1 Karte. Ebert I, p. 233, Nr. 2973. Hain I, p. 550, Nr. 3956. Panzer II, p. 131, Nr. 58. Vgl. Ramohr, z. Geschichte d. Formschneidekunst, p. 77. Lempertz, Beitr.; Köln, 1839. 4. I. 116. III. 5 b.
Den Holzschnitten liegen offenbar gute, an Ort und Stelle aufgenommene Zeichnungen zu Grunde; die spätere Betheiligung an denselben ist schwer zu bestimmen. c. 1486.   Bibl. 15,024.

155. Breydenbach, Bernh. v., die fart oder reyß vber mere zu dem heylige grab... gen Jherusalem auch zu der heyligen durchfrawen fant Katherinen grab auf dem berg Synai. Augsburg, Anth. Sorg, 1488. 4.
Mit 8 Holzschnitten. Ebert, Nr. 2974 (Erste deutsche Ausg.; Meynz, 1486). Hain I, 1, S. 551, Nr. 3960. Panzer I, S. 175, Nr. 265. Weigel III, Nr. 14,127; Meynz, 1486. fol.) Schlechte Copieen nach der kleinen Ausgabe.   Bibl. 658.

156. Taf. CXIII. Christus am Kreuz. 1480—1490. Wol ehemals Canonblatt irgend eines Missale. Ohne Wasserzeichen.   H. 140.

157. **Taf. CXIV — CXV.** Canon eines Liber missalis. Pergamendruck. 8 Blätter. 2. Mit 1 Holzschnitt u. Initialen. (1480 — 90). Druck der Michaelis-Brüder zu Rostock (?); s. Jahrbücher d. Ver. f. mecklenb. Gesch. V, 184 f. *°* **Bibl. 13.630.**

158. Cassandra fidelis, virgo veneta, pro bestiutio lamberto... liberalium artium insignia suscipiente oratio (in fine: Conradi celtis protutij ode etc.) [Nuremberge... 1487?] kl. 4. Mit Titelholzschnitt. Hain 1, 2, S. 51, Nr. 4553. **Bibl. 863a.** Im Holzschnitt erkennt man nur die Eigenthümlichkeit eines unbekannten Meisters, keiner Schule; c. 1487.

159. **Taf. CXVI — CXIX.** Das Heiligthum von St. Ulrich und Sta. Afra in Augsburg (1480 — 1490); 2 große Holz-stücke. Herkunft unbekannt.

160. **Taf. CXX.** Hore incenerate Virginis Marie secundum Vsum Romane Curie etc. S. l. et a. (Paris, 1487.) 8. Mit 47 Holzschnitten und durchgehenden Randeinfassungen. Französische Schule. Panzer II, S. 287, Nr. 118 a. II, S. 315, Nr. 409. **Bibl. 24,905.**

161. **Taf. CXXI.** Die 7 Planeten. Holzschnitt von einer astrologischen Tafel. (1480 — 1490.) W. 1. 263.

162. **Taf. CXXII.** Der heiligen leben; summer & winterteyl. Nuernberg, Anth. Koberger, 1488. 2. Mit 262 colorierten Holzschnitten v. M. Wohlgemuth. Ebert Nr. 11,792 (385 Blttr.) Hain II, 1, S. 249, Nr. 9981. Panzer I, S. 171, Nr. 254. **Bibl. 2262.**

163. **Taf. CXXIII.** Die Wunden Christi (1484 — 92). Herkunft unbekannt. Der Originalstock befindet sich noch im Besitze der Buchdruckerei-Besitzers Hefsel in Alsdorf. H. 461.

164. **Taf. CXXIV.** Reformation des gerichtes der Herbaney des Thumblifftes zu Bamberg (v. 1488). O. O. u. J. 2. Mit Titelholzschnitt. Hain II, 2, S. 195, Nr. 13,725. Panzer Zus. S. 62, Nr. 259b. **Bibl. 1075.**

165. **Taf. CXXV.** Hore nostre domine scdm vsu ecclesie romane etc. S. l. et a. (1489.) 8. Mit 71 Holzschnitten und durchgehenden Einfassungen. Niederländische Schule. **Bibl. 2501.**

166. **Taf. CXXVI.** (Molitor, Ulr.) de lamiis et phitonicis mulieribus. (Colon.) 1489. 4. Mit 7 Holzschnitten von verschiedenen Händen. Hain II, 1, S. 456, Nr 11,536. Panzer IV, S. 332, Nr. 46. **Bibl 4126.**

167. Cicilius. Spernbij sapientie beati Cicilii epifcopi... In cuius quidem prouerbijs omnis & totius sapientie operulum claret Feliciter incipit (Coloniae, Corn. de Zyrichsee, c. 1489.) kl. 8. Mit 3 Holzschnitten verschiedener Hand. **Bibl. 20.727.**

168. **Taf. CXXVII — CXXVIII.** Des dodes dantz. (Am Schlusse:) Lubeck, 1489. 8. Mit 30 zum Theil wiederholt abgedruckten Holzschnitten; s. Brunet. Aus der T. O. Weigel'schen Sammlung, Nr. 296. **Bibl. 28 260.**

169. **Taf. CXXIX.** Der Planet Mars. 1480 — 1500. Ehemals v. Aufsefs'sche Sammlung. Ausserhalb aus einem unbekannten Buche. H. 143.

170. **Taf. CXXX.** Die Geiselung Christi. 1480 — 1500. Herkunft unbekannt. Ohne Wasserzeichen. H. 586.

171 — 174. **Taf. CXXXI.** Vier Blätter eines Lebens Christi 1480 — 1500.

175 — 180. **Taf. CXXXII.** Sechs Blätter eines Lebens Christi 1480 — 1500.

181 — 185. **Taf. CXXXIII.** Fünf Blätter eines Lebens Christi. 1480 — 1500. Holzstöcke. Ehemals Kloster Nöflingen, später Hafsler. Vgl. oben Taf. LXVI, Nr. 97 — 99.

186. **Taf. CXXXIV.** Unbekanntes Wappen. (Eisenhart?) 1480 — 1500. Ehemals v. Aufsefs'sche Sammlung. Ohne Wasserzeichen. H. 738.

187. **Taf. CXXXV.** Die heilige Jungfrau. 1480 — 1500. Ehemals Hafsler. Ohne Wasserzeichen. H 656.

188. Item in dem püchlein fint geschriben wie Rome gepawet wart vnd von dem ersten kunig vnd von yftlichem kunig zu Rome wie fye gre-giret haben etc. Hernach volget nun der ablas vnd genad von

2 *

allen kirchen, vnd von allem heyltum das in den felben kirchen ist. Nurmberg, 1491. Am mitwoch vor
des heyltum. kl. 8.
    Mit 5 Holzschnitten. — Hain II, 1, S. 419, Nr. 11,712. Nürnberger Schule; c. 1490.   Bibl. 12,840.

189. Itinerarium seu peregrinatio beate virginis & dei genitricis marie. 8. l. et a. 4°.
    Mit 19 Holzschnitten. Hain II, 1, S. 144, Nr. 3222. (Ulmae, Joh. Reger). Panzer IX, S. 181,
Nr. 206. Fränkische Schule; c. 1490.   Bibl. 3902.

190. Statuta synodalia... In ecclesia Bambergen celebrata Leria et publicata. Bambergae 1491. 2.
    Mit 1 Holzschnitt. Hain II, 2, S. 335, Nr. 15,025. Panzer I, S. 143, Nr. 8. Herkunft unbestimmbar;
c. 1490.   Bibl. 6043.

191. Wie das hochwirdigst Awch keiserlich heiligthum Vnd die grossern Hemisches gezaygt dar zu geben
ist vnd Alle Jaer aufgerufft vnd gewist wirt in der loblichen Stat Nuremberg. Nuremberg, hans Mair,
1493. 4.
    Mit 9 Holzschnitten. Hain II, 1, S. 12, Nr. 8416. Panzer I, S. 200, Nr. 352. Zus. S. 73, Nr. 352.
Seltenheit. Nürnberger Schule; c. 1490.   Bibl. 2468.

192. St. Bernhart, wie ein yeghlich man haushaben, vnd sein hauz regiern soll. Augspurg, H. Schauer,
1494. 4.
    Mit 1 Holzschnitt. Panzer I, S. 211, Nr. 378. Hain I, 1, S. 374, Nr. 2878. Augsburger Schule;
c. 1494.   Bibl. 485.

193. Breviarium juxta morē alme Babibergen Ecclesie Pars hyemalis. Industria ac imp. Johānis pöryt.
1498. (Bamberg.) 8.
    Mit Titelholzschnitt. 1480—1490. Hain I, 1, S. 525, Nr. 3799. Panzer I, S. 144, Nr. 12. Bibl. 472.

194. Hafs, Kuntz, eyn new gedicht der loblichen Stat Nürnberg von dem regiment gebot vā satzung eyns
erbern weysen Raus. O. O. (1490) kl. 8.
    Mit 1 Holzschnitt.   Bibl. 12,515.

195. Taf. CXXXVI. Gastmahl. 1497. Ehemals v. Aufseß'sche Sammlung. Besonderer alter Druck aus dem
Werke unter der folgenden Nummer. Ohne Wasserzeichen.   H. 587.

196. Taf. CXXXVII. Schatzbehalter der waren reichthümer des heils vā der ewigē seligkeit. Nürnberg,
Anth. Koberger, 1491. 2.
    Bruchstück von 12¼ Blättern mit 83 colorirten Holzschnitten, wahrscheinlich von Wohlgemuth. Ebert,
S. 729, Nr. 20,511. Hain II, 2, S. 283, Nr. 14,507. Panzer I, S. 189, Nr. 313 und Zus. S. 67, Nr. 313.
Der Verfasser soll ein P. Stephan aus dem Minoritenkloster zu Nürnberg, der 1498 starb, gewesen sein. —
Weigel II, Nr. 9919*. Ein Hauptbuch der alten Nürnberger Holzschnittkunst und sehr selten.
    Bibl. 5552.

197. Taf. CXXXVIII—CXL. (Schedel, H.) Register des buchs der Croniken vnd geschichten, mit figurē
vnd bildnüssen von anbegin der welt bis auf dise vnsere Zeit; durch G. alten in teutsch gebr. Nürnberg, Anth. koberger, 1493. gr. 2.
    Mit 210 grossern und zahlreichen kleinern, wiederholt gegebenen Holzschnitten von M. Wohlgemuth
und W. Pleydenwurff. Ebert, S. 322, Nr. 4148. Hain II, 2, S. 294, Nr. 14,510. Panzer I, S. 204, Nr. 360.
Vogt, S. 764. Weigel I, Nr. 6774. Berühmtestes Formschnittwerk der Nürnberger Schule.
    Bibl. 5539.

198. Taf. CXLI. Titelblatt einer Ausgabe des Gratianus. Französisch. 1490—1500. Ohne Wasserzeichen.
    H. 479.

199. Taf. CXLII. Geiler v. keysersberg, Joh. (Seelenheil.) Ein heylsame ler vnd predig. O. O.
1490. kl. 4.
    Mit 1 Holzschnitt. Die aus 4 Blättern bestehende Ausgabe ist in Hain II, 1, S. 215, Nr. 9764 und in

Panzer's Zus. S. 7, Nr. 37ᵃ, an welchen Stellen eine andere (o. O. 1489), 6 Blätter umfassende in 4° mit denselben Holzschnitte angeführt steht, nicht enthalten.   **Bibl. 1766ᵃ.**

200. Geiler v. Kaysersperg, J., hie nach volget ain gar loblich materi vnnd vast ain nützliche gute ler... vß ih genant der pilgrim ... zu Augspurg geprediget. Augspurg, L. schwanmair, 1499. 4.
    Mit 10 Holzschnitten. Augsburger Schule; c. 1490. Hain II, 1, S. 215, Nr. 9767. Panzer I, S. 238, Nr. 467.   **Bibl. 1763.**

201. Hienach volgt ein buch der kunst dadurch der weltlich mensch mag geistlich werden etc. Augspurg, Joh. Bämler, 1491. 2.
    Mit 89 colorierten Holzschnitten von verschiednen Händen; bei den besseren und spätern die Augsburger Schule unverkennbar. 1470 — 1490. Höchst selten. Hain I, 1, S. 564, Nr. 4038. Panzer I, S. 190, Nr. 314.   **Bibl. 1709.**

202. Von der kinthait vnsers her ihesu crist geht vita crisi. (Am Schluss:) Augspurg, Anthonius Sorg, 1491. 2.
    Mit 74 colorierten Holzschnitten.   **Bibl. 18,669.**

203. (Pflanzmann, Jodocus) das buch der leirezeria. Augspurg, Erhart radiolt, 1494. 2.
    Mit 1 Holzschnitt. Panzer I, S. 201, Nr. 354.   **Bibl. 14,837.**

204. Das Bayerisch landfreschpuch. Augspurg (14)95. kl. 4.
    Mit 1 Holzschn.-Wappen. Hain II, 1, S. 232, Nr. 9957. Panzer I, S. 219, Nr. 406.   **Bibl. 3983.**

205. Das buch der Croniken vnnd geschichten mit figuren vnd pildnussen von Anbeginn der welt biß auf die vnsere Zeyt. Augspurg, H. Schönsperger, 1496. 2.
    Mit mehreren Hundert Holzschnitten, grösten Theils verkleinerten Copieen aus H. Schedel's Chronik.   **Bibl. 5340.**

206. Die ist die reformacion der statuten vnd gesetze die ein erber Rate der Stat Nüremberg ... gemacht hat. Augspurg, H. Schönsperger, 1498. 2.
    Mit Titelbild und Einfassung in Holzschnitt. Hain II, 2, S. 195, Nr. 13,718. Panzer I, 233, Nr. 452. Will I, 2, S. 3—4, Nr. 954.   **Bibl. 5007.**

207. Tal. CXLIII. Caoursin, Guil., obsidionis Rhodie Urbis descriptio et orto alia opuscula. Ulmæ, Ioan. Reger, 1496. 2.
    Mit 35 Holzschnitten. Brunet, man. (3. éd.) I, p. 330. Ebert, Nr. 3471: 60 Blätter.   **Bibl. 819.**

208. Haffurt, Johann v., Practica zb Leopzig (auf 1493). O. O. (14)93. 4°.
    Mit coloriertem Titelholzschnitt. Hain II, 1, S. 7, Nr. 8371. Panzer I, S. 188, Nr. 307.   **Bibl. 7706.**

209. (Cuba, Joh. de) Ortus sanitatis. Moguntiæ, Jac. meydenbach, 1491. 2.
    Mit 7 blattgrossen figürlichen (Titel-)Darstellungen und zahlreichen naturgeschichtlichen Abbildungen in Holzschnitt von verschiednen Händen. Ebert, Nr. 10,295. Hain II, 1, S. 96, Nr. 8944. Panzer II, S. 312, Nr. 65. — Weigel III, Nr. 14,128ᵃ; Ausg. o. O. u. J. fol. Nr. 14,128ᵃ; Augsburg, 1485. fol. Nr. 15,478; Strassburg, 1507. fol. Weigel IV, Nr. 18,413; Augsburg, 1496. fol. Nr. 18,414; o. O. 1517. fol. (Verf. Joh. v. Cuub oder de Cuba).
    Eine handschriftliche Bemerkung auf dem Titelblatt bezeichnet als Autor: Laz. Eckart.   **Bibl. 1032.**

210. (Lichtenberger, Joh.) eyn Pronosticatio zu deutsch ist iar, (14)95. gemacht von der grossen Coniunction Saturni vnd Jovis, die da was im jar (14)84, vnd von der Erliplis der sonnen des jars (14)85, vnd zu von newß bestedtiget vnd gedruckt. wie nach weren hyse man schreibt .1567. jar. (Mentz, 1492.) 2.
    Mit 45 Holzschnitten. Ebert, Nr. 11,564 - 69.   **Bibl. 3298ᵃ.**

211. Der löblichen fürsten vn des lands oesterrich alt harkome zu regire. Basel, 1491. 2.
    Mit 2 Holzschnitten. Hain I, 1, S. 95, Nr. 879. Panzer, Zus. S. 16, Nr. 80, auch I, S. 46, Nr. 80.   **Bibl. 4669.**

212. Taf. CXLIV. Das andechtig zitglögglyn des lebens vnd lidens christi. Basel, 1492. 8.
Mit 37 Holzschnitten. Titelblatt etc. fehlt. Vgl. Hain II₂, 2, S. 523, Nr. 16,278. Aus der T. O. Weigel'schen Sammlung, Nr. 301. Bibl. 29,941.

213. Taf. CXLV. Turn, Ritter vom, von den Exempeln der gotsforcht vñ erberkeit ... in frantzösischer Sprach begriffen, vnd durch Marquart vom Stein jn Tiütsch transferiert. Basel, M. Furter, 1493. 2.
Mit 45 colorierten Holzschnitten von einem trefflichen Zeichner aus der Schule des Martin Schön. Ebert, Nr. 4078. Hain II, 2, 414, Nr. 15,514. Panzer I, 206, Nr. 364. Bibl. 6254.

214. Samuel, Rabi, Rabbeus breues ... quibus quinis verus christicola, autem mediter sapiens potest judeorum errores valide et aperte reprobare et edemnnare etc. (Am Schluß:) Impressum est Coloniae per Henricum Quetell Anno ... dñi 1493. 4.
Mit 1 Holzschnitt. Hain II, 2, S. 267, Nr. 14,268. Bibl. 23,567.

215. Angelus, Joh., opus astrolabii plani in tabulis. Venetiis p. Joh. Emericis de Spira. 1494. 4.
Mit zahlreichen astrologischen Tafeln und Darstellungen in Holzschnitt. Italienisch; c. 1490. Hain I, 1, S. 122, Nr. 1101. Panzer III, S. 363, Nr. 1854. Bibl. 154.

216. Taf. CXLVI. Sta. Anna. Ablaßbild. 1494. Ehemals Weigel, Nr. 228. Ohne Wasserzeichen. H. 633.

217. Taf. CXLVII. Brant, das Narren schyff. Basel, Jo. Bergmann v. Olpe, 1494. 4.
Mit 89 Holzschnitten und durchgehenden Randleisten von verschiedenen Händen aus der Schule des Martin Schön. Ebert, Nr. 2922. Hain I, 1, S. 514, Nr. 3736. Panzer I, 214, Nr. 393. Bibl. 627.

218. Brant, Sebast., de Origine et coñservatione honoris Regum: & laude Ciuitatis Hierosolymae: cum exhortatiōe eiusdem recuperandę. (Basileę, Johann Bergmann de Olpe, 1495. Kalendis Martiis.) 4.
Mit Titelholzschnitt. Schwäbische Schule. Hain I, S. 514, Nr. 3735. Panzer I, S. 179, Nr. 195. Bibl. 16,935.

219. Quadragesimale novum editū ac predicatū a quodam fratre minore de obseruandia in inclita ciuitate Basiliea. de ẽo predigt & de angeli ipsius ammonitiōe fabulat per fermonem diuisū. Basilee, per Michaelem Furter, 1495. 8.
Mit 17 zum Theil wiederholt abgedruckten Holzschnitten. Schwäbische Schule. Hain II, 2, S. 182, Nr. 13,628. Bibl. 9627.

220. Taf. CXLVIII. Incipit passio sancti Meynrhadi martyris et heremite. Basil., M. Furter, 1496. 4.
Mit 16 Holzschnitten von verschiedenen Händen. 1480—1496. Schluß fehlt. Hain II, 2, S. 38, Nr. 12,453. Bibl. 3909.

221. Trithemius (Trittenheim), Johannes, de puritssima et immaculata coñeptōe virginis marie et de festiuitate sanctis anne matris eius. Argentine, M. Hupfuff, Anno Millesimo. quadringentesimo. sexto (für) 1496. 4.
Mit 2 Holzschnitten. Elsasser Schule. Hain II, 2, S. 431, Nr. 15,640. Bibl. 8345ᵃ.

222. Taf. CXLIX. Brũschwig, Hyero., buch der Cirurgia. Handwirkung der wundartzney. Straßburg, J. Grüninger, 1497. 2.
Mit 60 Abbildungen in color. Holzschnitt. Manche sind aus zwei Stücken zusammengesetzt, welche in anderer Zusammenfügung wieder andere Darstellungen abgeben. Mehrere kommen wiederholt vor. Ebert hat nur die Ausg. mit der falschen Jahrzahl 1397 als recte. Hain I, 1, S. 550, Nr. 4017 führt obige zuerst an. Panzer I, S. 226, Nr. 431 erwähnt der vorigen, wie der obigen Ausgabe. Bibl. 760.

223. Cronica võ allen Küniğ vnd Keyszern: von anfang Rom. Auch von vil geschichten bißz zu vnsern zeiten die geschehen seind. Straßburg vñ Grüneck, (1499 oder 1500). 4.
Mit Titelholzschnitt. Elsasser Schule. Hain I, 2, 105, Nr. 4993. Panzer, Zus. 89, Nr. 475ᵃ. Bibl. 7650.

224. Ein schöne warhafftige Hystory von Keiser Karolus fun genant Loher oder Lotarius. ti. O. u. J. 2°.
In Reimen, mit 33, je aus zwei horizontal oder senkrecht gestellten, abwechselnden Hälften zusammengesetzten Holzschnitten. Elsasser Schule; c. 1500. Bibl. 3356.

225. Bruchstücke von „Der heyligen leben" (Sommertheil). O. O. u. J. 2.
80 Blätter mit 239 zusammengelesenen, von verschiedenen Händen herrührenden, zum Theil sehr bedruckten Holzschnitten; darunter freie Copieen nach M. Schongauer und A. Dürer. Einige Stücke zusammengesetzt, andere wiederholt abgedruckt. Elsasser Schule; c. 1500. Bibl. 3361a.

226. Taf. CL. Fragment, 2 einzelne Bogen des Canon eines über Missalis, Pergamentdruck mit 1 größeren und 2 kleineren colorierten Holzschnitten: Liber missalis secdm ordinē ecclesie Bambergē. In civitate Babenbergii, J. Sensenschmidt et Heinr. petzensteiner, 1490. 2. (?) Vielleicht Hain II, 1, S. 486, Nr. 11,264. Bibl. 4112.

227. Taf. CLI. Die Planeten Mars und Jupiter. 1490—1500. Ehemals v. Aufseß'sche Sammlung. Wasserzeichen: Ochsenkopf. H. 145.

228. Bruchstück einer Tafel eines großen, aus kleinen Tafeln zusammengesetzten Holzschnittes. Enthält 2 symmetrisch verschlungene Nelken, einen Kreissaussehalt mit Wolken, Anfang eines Aermels. 1460—1500. Ehemals Hasler. Wasserzeichen: Ochsenkopf. H. 655.

229. Taf. CLII. Schweißtuch Christi mit darunter gedrucktem Gebete. 1490—1510. Ehemals v. Aufseß'sche Sammlung. Ohne Wasserzeichen. H. 451.

230. Taf. CLIII. St. Georg. 1490—1510. Wol Copie eines älteren Blattes. Ehemals v. Aufseß'sche Sammlung. Ohne Wasserzeichen. H. 149.

231. Taf. CLIV. Christus am Kreuze. 1490—1510. Herkunft unbekannt. Stark beschädigtes Blatt. Ohne Wasserzeichen. H. 807.

232. Taf. CLV—CLVI. St. Peter und St. Paul. 1492—1507. Mit dem Wappen des Bischofs von Regensburg Rupert II., Pfalzgrafen von Simmern. Ehedem v. Aufseß'sche Sammlung. Wasserzeichen: Krone. H. 134.

233. Taf. CLVII. Unbekanntes Wappen. 1490—1510. Ehemals v. Aufseß'sche Sammlung. Ohne Wasserzeichen. H. 737.

234. Taf. CLVIII. St. Dominicus und ein Cardinal. 1490—1510. Ehemals Hasler. Ohne Wasserzeichen. H. 657.

235. Taf. CLIX. Die heilige Jungfrau. 1490—1510. Ehemals v. Aufseß'sche Sammlung. Unerkennbares Bruchstück eines Wasserzeichens. H. 147.

236. Cronica van der hilliger Stat vā Coelle, Coellen, Joh. Koelhoff (1499). 2.
Mit 87 Holzschnitten von sehr verschiedenen Händen. 1470—1499. Ebert, Nr. 4145: 12 Bl. Vorst. (Th. u. Reg.) u. 330 gez. Bl. Diese Chronik ist wegen einer wichtigen Nachricht über die Erfindung der Buchdruckerkunst (Bl. 311 u. 312) sehr merkwürdig. Hain I, 2, S. 104, Nr. 4989. Panzer I, S. 280, Nr. 476. Bibl. 915.

237. Peyligh, Johannes, Philosophie Naturalif Compendia. (Am Schluße:) Liptzias, Melchior Lotter. 1499. 2. Mit 11 anatomischen Abbildungen in Holzschnitt. Hain II, 2, S. 92, Nr. 12,861. Bibl. 18,550.

238. Taf. CLX. Antlitz Christi. 1502. Von einem Versalbuche. Stark beschädigtes Original. Ehemals v. Aufseß'sche Sammlung. Wasserzeichen nicht erkennbar. H. 334.

239. Taf. CLXI. Wunder eines im Jahr 1386 verstümmelten Crucifixes zu Mainz. Mit dem Wappen des Erzbischofs von Gemmingen. 1508—1514. Ohne Wasserzeichen. H. 122.

240. Taf. CLXII. Titelstock zum III. Buche der Amores des Conrad Celtes. Nürnberger Druck von 1502.

241. Taf. CLXIII. St. Onofrius. 1500—1520. Holzstock; ehemals Kloster Söflingen, später Hasler. Wol der Stock, von welchem Weigel einen alten Abdruck besaße; (Nr. 214).

242. „ „ eine Brigitta. 1500—1520. Rückseite desselben Holzstockes.

243. Taf. CLXIV. Die Predigt des heiligen Dominicus. 1510—1520. Holzstock; (ehemals Kloster Söflingen?, später) Hasler.

244. **Natalibus**, Petrus de, Catalogus sanctorum et gestorum eorum ex diversis voluminibus collectus. Lugduni, St. Gueynard, s. a. 2.

Mit größerer Darstellung der Kreuzigung Christi und zahlreichen Randeinfassungen und Vignetten von verschiedener Hand. Frankreich; c. 1500. Ebert, Nr. 14,654 hat die Ausg. Vierat. 1493 fol und sagt von ihr: erste Ausgabe eines öfter gedruckten Werkes. Hain II, 1, S. 477, Nr 11,676 u. 77 hat ebenfalls d. A. v. 1493 u. Venet. 1500. Panzer III, S. 331, No. 83 hat erstere Ausgabe und fügt bei: editio originalis; ferner VII, S. 290, Nr. 119: die Ausg. Lugd. Cl. Davost 1508 fol; VIII, S. 305, Nr. 240: die Ausg. Lugd. J. sacrem 1514. 2; VII, S. 822, Nr. 302: die Ausg. Lugd. J. Sacrem 1519 fol. Eine Ausgabe wie oben findet sich nicht. **Bibl. 4338.**

245. **Breviarium.** S. l. et a. 8°.

Mit 31 Holzschnitten und wiederholt abgedruckten Randeinfassungen. Frankreich; c. 1500.

Bibl. 26,966.

246. **Lateinisches Brevier.** S. l. et a. kl. 8.

Mit 4 blattgroßen Darstellungen, 6 Randleisten und zahlreichen Vignetten und verzierten Initialen in Metallschnitt. Frankreich; c. 1510. **Bibl. 14,892.**

Schlußwort.

Als vor einigen Jahren der damalige Direktor des Kensingtonmuseums, Mr. Cole, den Reichthum des germanischen Museums an Holzschnittbüchern, wie an Einzelblättern kennen lernte, hat er um Copien in mehreren Exemplaren für das Kensingtonmuseum. Da bei der überwiegenden Mehrzahl der Sachen der Zustand des Papieres, vor Allem aber die Colorirung eine photographische Vervielfältigung nicht zuließ, so kam man überein, dieselbe auf autographischem Wege vorzunehmen. Eine Benachrichtigung, welche in Folge dessen an die hervorragendsten öffentlichen Anstalten Deutschlands ergangen war, gab für 12 derselben Veranlassung, sich gleichfalls Copien zu sichern. Allein die große Mühe und die bei aller Einfachheit des Verfahrens doch nicht unbedeutenden Kosten machten es kaum möglich, die Vervielfältigung bei einer so geringen Betheiligung zu unternehmen. Mit einem Prachtwerke, wie solches T. O. Weigel publicirt hatte, vor das Publikum zu treten, konnte deshalb noch weniger in Aussicht genommen werden, und man beabsichtigte bereits, die ganze Arbeit einzustellen, als Herr Hofbuchhändler S. Soldan mit der Erklärung hervortrat, daß er es versuchen wolle, einige Exemplare auf seine Rechnung zu nehmen und in den Handel zu bringen, wenn auch eine Theilnahme des größern Publikums kaum zu erwarten, da dessen Bedürfnisse durch das Weigel'sche Prachtwerk, welches kurz vorher erschienen und noch im Handel sich befindet, vollkommen befriedigt ist. Eigentliches Hinaustreten vor das Publikum konnte nicht beabsichtigt sein, um so mehr aber glauben wir auf den Dank der Fachkreise rechnen zu dürfen, da doch auch die trotz der geringen Auflage bei der Einfachheit der Technik geringe Preis einem oder dem andern Forscher den eigenen Ankauf gestattet, während ein großartiges Prachtwerk seinen Mitteln unerreichbar geblieben wäre.

Der Zeichner Herr Steinbrüchel hat sich alle Mühe gegeben, und wie glauben, daß es mehr erreicht hat, als in der Regel von der Autographie erwartet wird. Wir glauben, daß mehr zu erreichen, als ihm gelungen, nicht möglich ist. Man wird mit Sicherheit und Vertrauen die ganz ähnlichen Blätter anderer Sammlungen mit den vorliegenden Copien vergleichen können, um zu sehen, ob sie von demselben oder von einem andern Stocke abgedruckt sind, wie unsere Originale. Es wird möglich sein, für eine Geschichte der Holzschneidekunst jener Periode den bescheidenen Blättern all' dasjenige zu entnehmen, was man auch einem großen Prachtwerke entnehmen konnte, denn die Entscheidung von gewissen Fragen, wie etwa: ob der Abdruck nach der Beschaffenheit desselben von einem Holzstocke oder von Metall genommen sei, kann doch nur, wenn sie überhaupt entschieden werden kann, vor dem Originale entschieden werden. Der Forscher erhält durch diesen Catalog eine Uebersicht dessen, was im Museum vorhanden ist; mögen recht Viele veranlaßt werden, die Sammlung selbst zu benützen!

Was wir lebhaft bedauern, das ist, daß das so charakteristische und zur Entscheidung mancher Frage nothwendige Colorit der Originale nicht wiedergegeben werden kann. Dagegen haben wir dem Verzeichnisse, soweit es nöthig schien und möglich war, Notizen über die Herkunft der einzelnen Stücke, die Wasserzeichen der Papiere u. A. beigefügt; auf Veranlassung des Herrn Soldan wurde auch eine kurze Einleitung beigegeben, die dem Laien, welchem etwa die Sammlung unter die Hände kommt, als Leitfaden dienen kann.

Zum Schlusse sei noch Herrn T. O. Weigel in Leipzig Dank dafür ausgesprochen, daß er die mühevolle Arbeit des Zeichners dadurch erleichtert hat, daß er die Platten und Stöcke jener in seiner Publication enthaltenen Blätter, die aus seinem Besitze an das Museum übergegangen sind, uns zur Verfügung gestellt hat.

Nürnberg, im December 1874.

A. Essenwein.

Taf. I. II.

St. Christoph.
1350—1370.

.

Christus unter der Kelter.
1350–-70.

Die Helmzierate des 14 und 15 Jahrhunderts im germanischen Museum.

St. Georg. 1330—50.

.

Stx. Dorothea, St. Alexius und die Kreuztragung mit handschriftlicher Bezeichnung 1443.
1370—90.

Die Auferstehung Christi.
1380—1400.

Die Kreuztragung.
1380—1400.

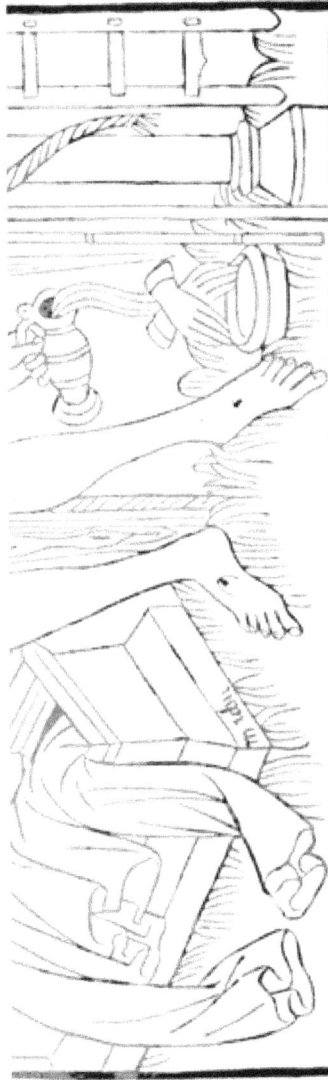

Wer das gebet spricht mit andacht der hat als meinigen tag aplas als vil wonden unser herr
als ijesus der emphangen durch unsern willen: Herre ich gib dir Ich ermanen dich dines gehorsa-
volkomenen marts. vnd dines guten willen: Im dinen guten ler vnd dir marters: offen in deines
vnd din ernunge gehorsam. vn dines ewige wolheit: Vnd dir zwei herzeden verzer: Mit
ter dich lir here durch din groß erbaren kranker. Das du alles das an mir hergetragen er
es dir loblich luge in dir erinkerc vnd trostlich figelin darsis. Amen

Der Wasser Crist
1470–1480

Ein Apostolus.
1490—1410.

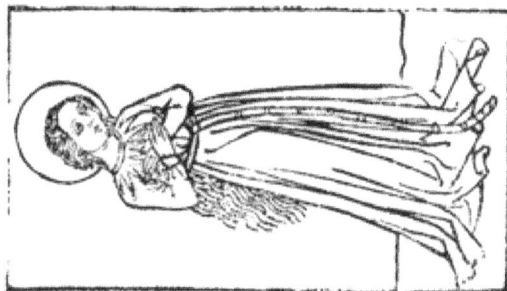

Weibliche Heilige.
1490—1410.

Zahnitte des 14 und 15. Jahrhunderts im germanischen Museum.

Die Verkündigung.
1460—1470.

Die Messe des heiligen Gregor
1410—20.

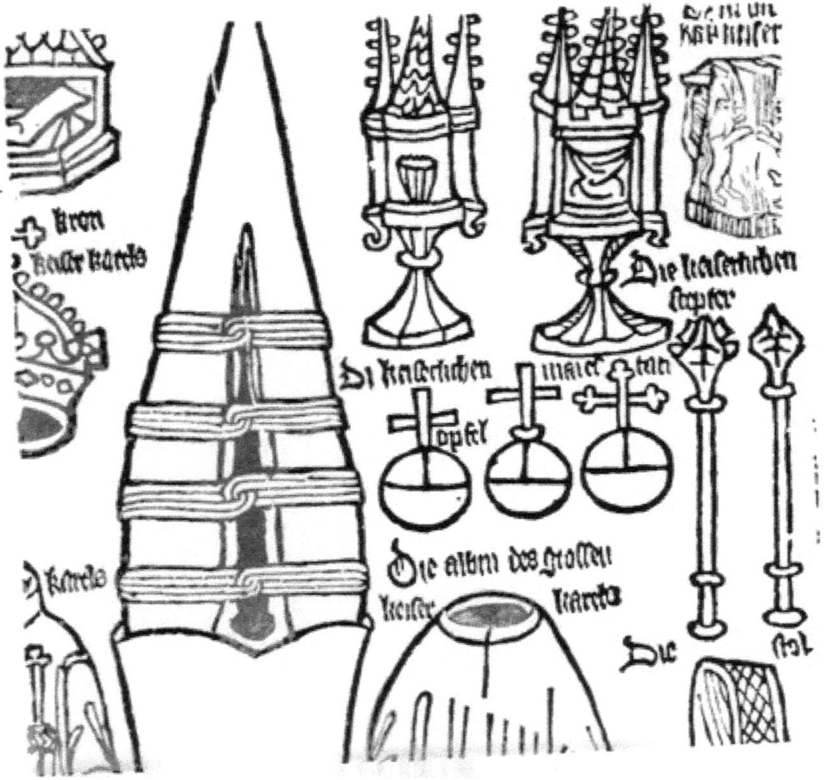

Die Reliquien des Kaisers

Die Kaiserlichen Reichs

Die alten des großen Kaisers

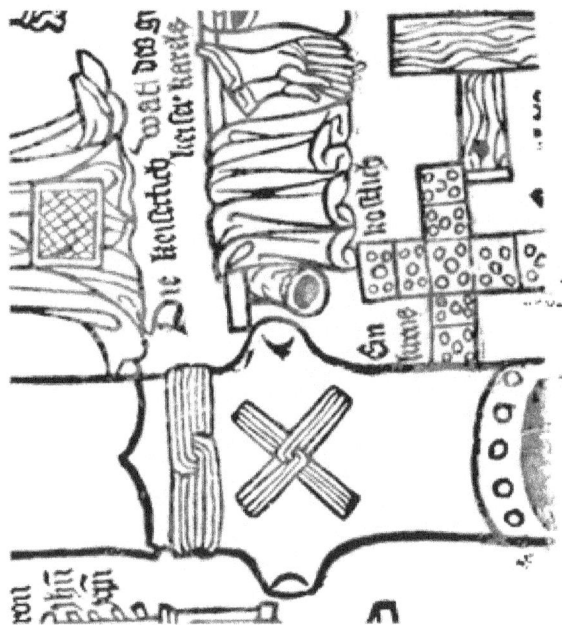

Die keiserlich wat des hm... keiser karele

Ein kostlich

Ein harnis

Die Wunden Christi.
1420 — 1440.

St. Georg.
1430 — 1440.

Die Holzschnitte des 14. und 15. Jahrhunderts im germanischen Museum.

Taf. XVIII.

Die Waffen Christi.
1410—1440.

Christus am Kreuze.
1441.

Christus am Kreuz.
Holzstock. 1440–1450.

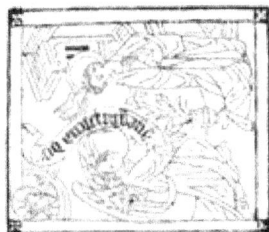

Die Holzschnitte des 14. und 15. Jahrhunderts im germanischen Museum

Acht Blätter eines Leben Christi.
1410—1450

Sechs Blätter einer Passion.
1440—1450.

Drei Bilder über Leben Christi.

Drei Bilder über Passion.
1450—1456.

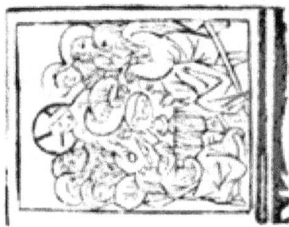

Taf. XXIV.

Die Holzschneider des 14. und 15. Jahrhunderts im germanischen Museum.

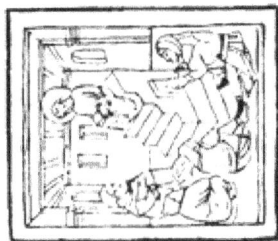

Zwei Blätter eines Lebens Christi.

Die Opferung Christi.

Zwei Blätter eines Lebens der heiligen Jungfrau.
1480 — 1450.

Die Geburt Christi.
1440—1450.

Die Holzschnitte des 14. und 15. Jahrhunderts im germanischen Museum.

Taf. XXVI.

Der Tod der heiligen Jungfrau.
1440—1450.

Sieben Blätter Heiligenfiguren
1440—1450.

Der Tod des heiligen Sebastian

St. Dorothea

Zwei Holzschnitte 1440—1450.

Die heilige Jungfrau.
1440—1450

Christus am Kreuze.
1440–1450.

Die Verkündigung

Von sant Francisco

St. Franciscus.
1440—1450.

Die Verkündigung
1440—1450.

Von sant Verena.

Sta. Verena.
1440—1450.

Liegende Gazelle.
Papierabdruck eines Zeugdruckmodels.
1350—1450.

Sanctus Sigismund

Sta. Veronika mit dem Schweißtuch.
1440—1460.

Von sant Peter vnd
sant Pauls

Der Fischzug Christi.
1450—1460.

Von sant Januario
vnd Gordiano.

Enthauptung eines Heiligen.
1450—1460.

Die heilige Jungfrau.
1450—1460.

Das Martyrium des heiligen Johannes des Evangelisten.

Sta. Helena.

Sta. Brigitta.

Der Tod der heiligen Jungfrau

Drei Holzstöcke. 1450 – 1460.

Sta. Katharina.

St. Onofrius.

1450—1460.

Die Holzschnitte des 14. und 15. Jahrhunderts im germanischen Museum

Oiana Diantha

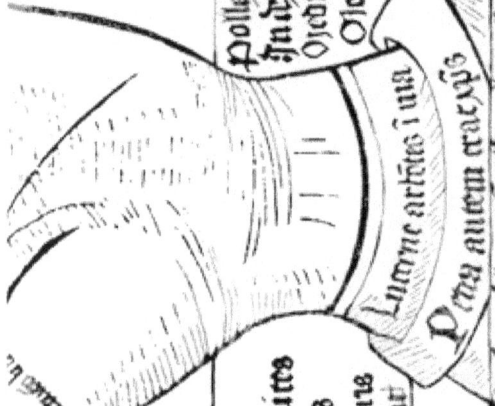

Poller ligt volütacdr
Index significat acquisitõné
Medius conterctionem
Medicus confessionem
Annulare satisfactioné

Luare artites i una

Pma autem eractpõs

Si voluntari tu tus
Agnoce malum vtcuites
Si mali egist doleas
Si vere voles confiteare
Si confitaius es satisfat

Ier man' oäiuit speculü iiqueue (aquaoois. Thi poler·q· aendocm crois signa in
euct poler qi potens ler ut poller q̃ m vdaie pollo.)uite ditur qi md lõs fue v̄ostras
iuere mi mostrae mij togriti. Ocdi ꝗ̃ miāut digtoꝙ̃ ct·cõ naccõne liꝗt·q̃cbꝰ et· una
hiā. ꝓ꞊ā amst medūi. quo puetur aogloui. Ocdmū de ao opr. i quo iueria ouodoū
ict·qui oie?Omioionem liꝗt ꝗue fisomt· pardu· uiluertō fer pci. iꝗꝓ̃ vdbit fo fri
w·.ꝙ̃medū?iuf vdo ꝓꝓ·vdf voerit pc os·medi?Au noilaus auef simf·uꝑgꝑ·upc
dime"· et uuito dvūdibumcū tcpdat   ·vꝰ· ma sant̄fo q̃ uiuo ueplāo uma et vupptcd

Speculum humanae salvationis
1450—80

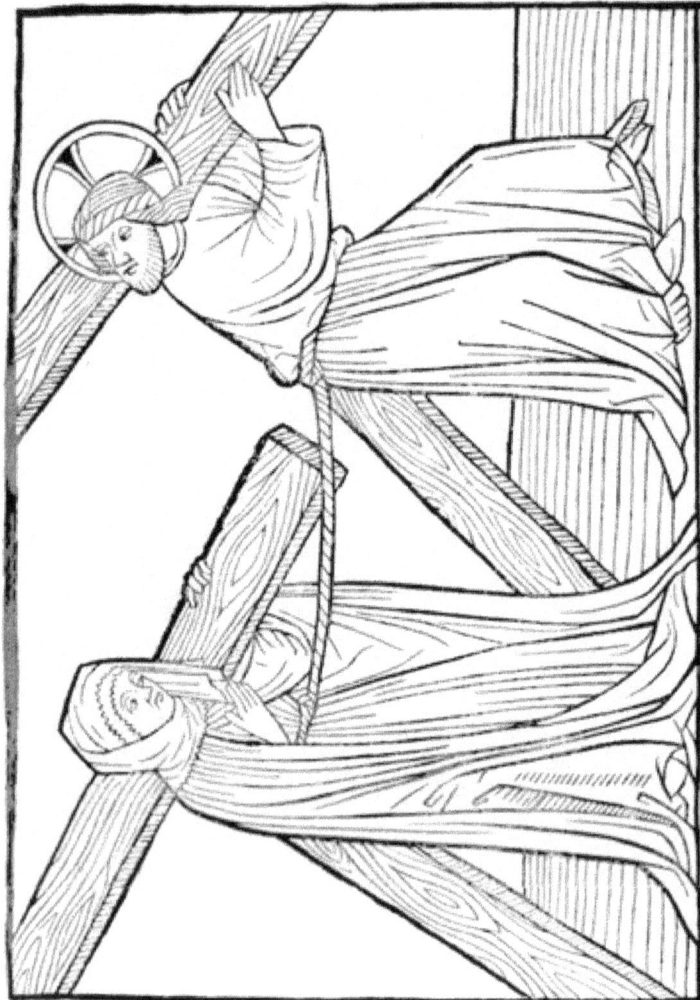

Christus und die Seele 1450-60

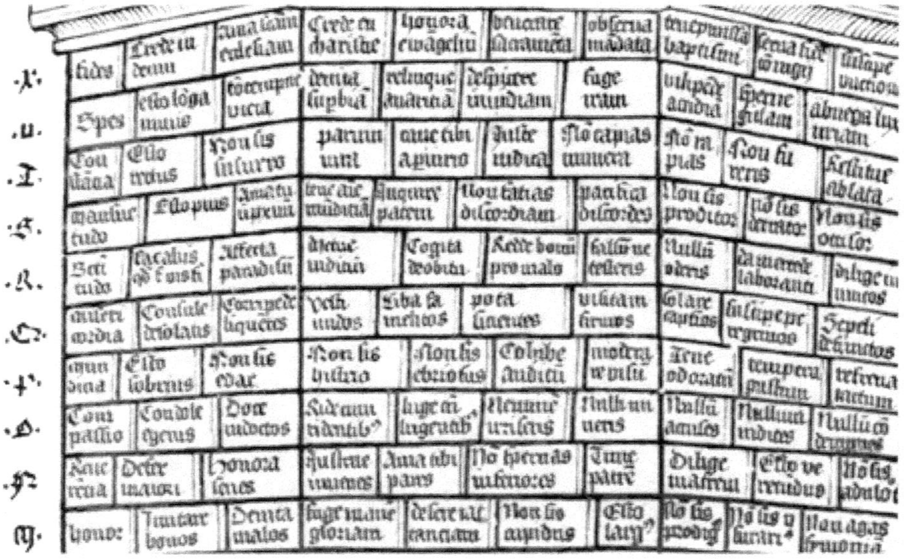
fides
Spes
Credere in deum
fuge iram
honor

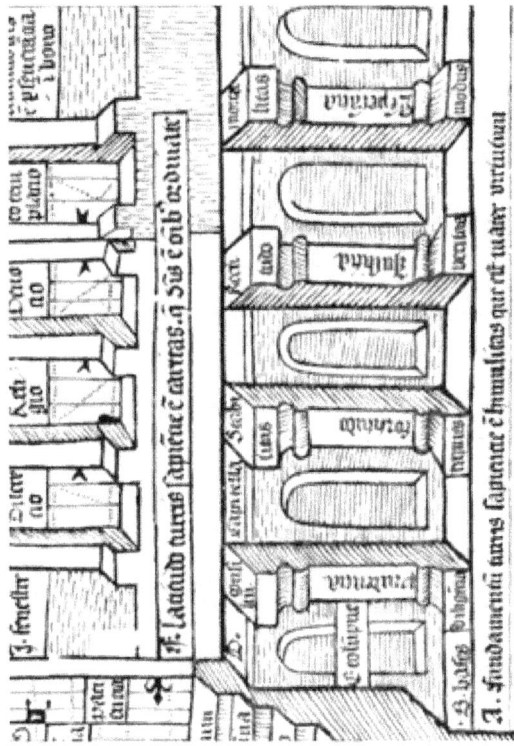

Turris sapientie legatur ab inferiori ascendendo per serrem bñi alphabeti

A. Fundamentum turris sapientie est humilitas que est inder virtutum

Fortis quadrate
1450 — 1470

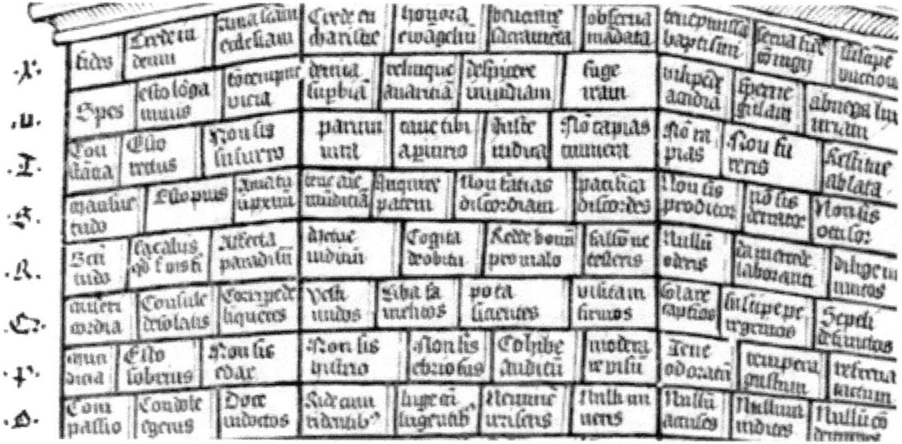

fides
Crede in deum
Spes
Fuge iram
mansuetudo
Compassio

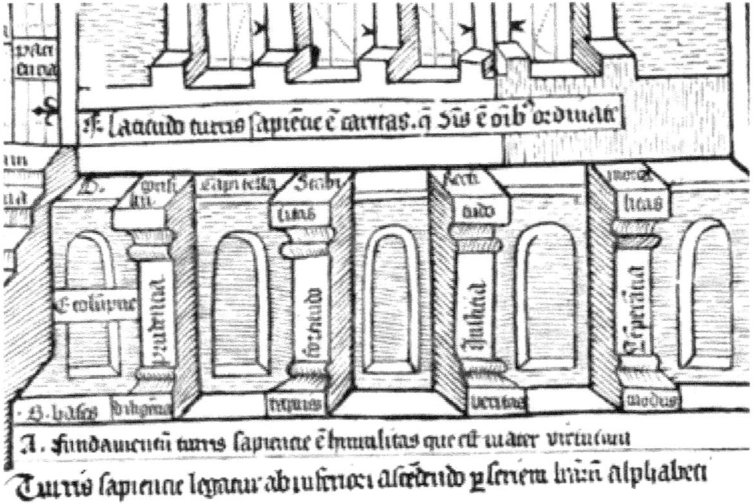

H. Lecundum turris sapientie e caritas. q diu e oib oaduelr

G. vdsce vdbuma

D. ponf kedyu eik. Scaly

Temperantia

Iusticia

fortitudo

pruentia

A. Fundamentu turris sapientie c humilitas que est inder virtutum

Turris sapientie legitur ab iustioci discendo p fineta huiu alphabeti

1450—14..

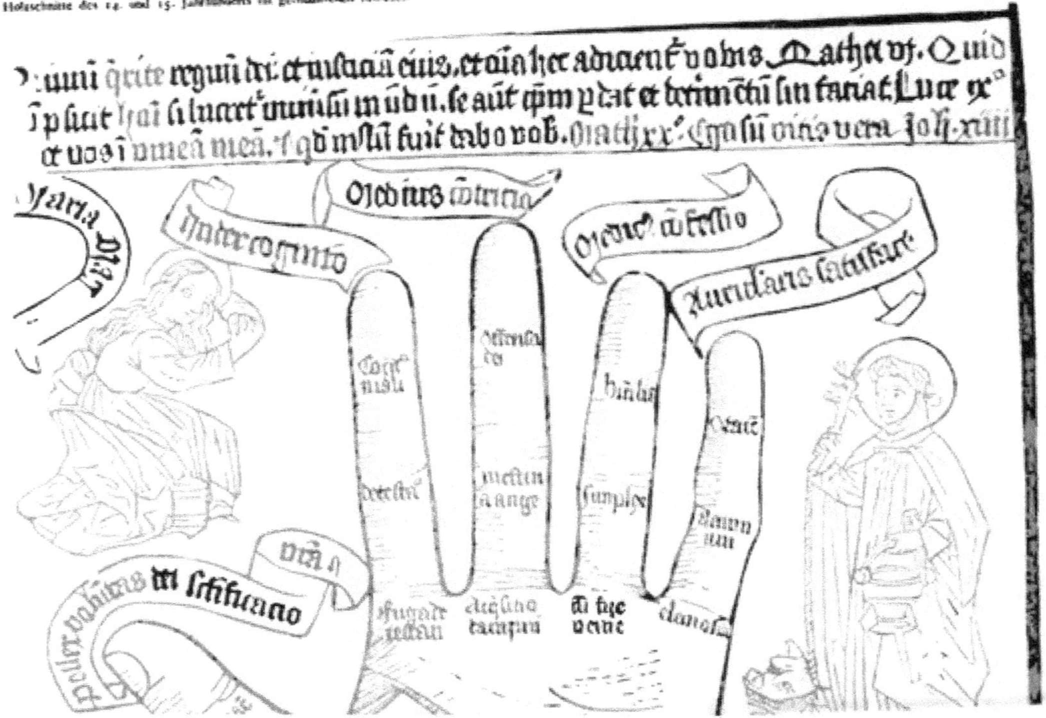

Taf. XLI und XLII.

Die Holzschnitte des 14. und 15. Jahrhunderts im germanischen Museum.

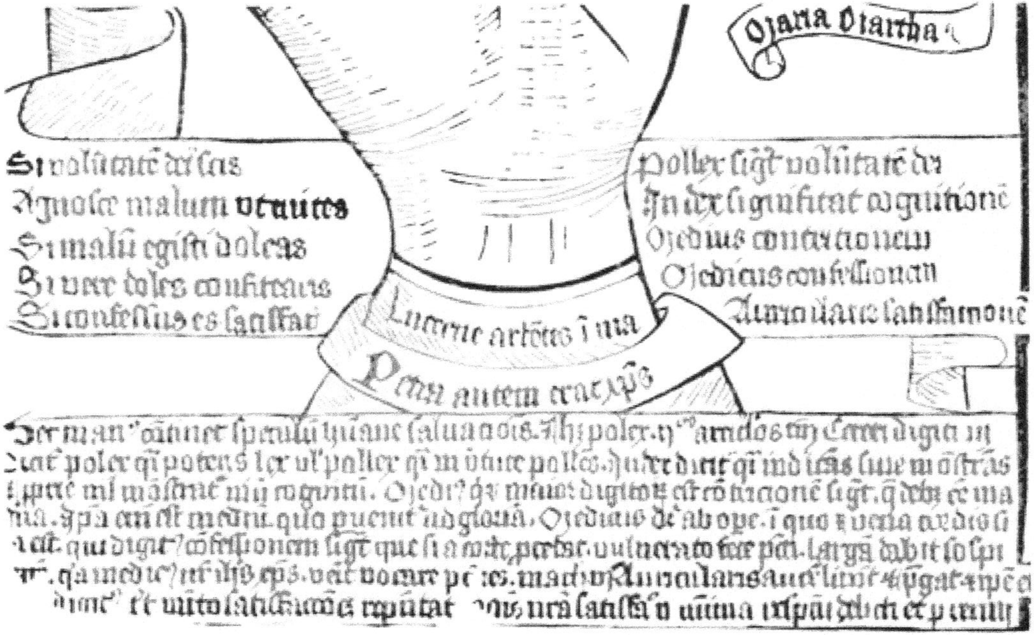

Gloria Monarcha

Sic voluimus virtus
Agnosce malum virtutes
Sic mali egritu dolens
Sic vere dolens confitens
Sic confessus es satisfac

Pollex sigt voluntaté du
Index signaficat cognitioné
Medius contricionem
Medius confessionem
Annularius satisfactionem

Linea arbitris iusta

Prima autem creacio

Sermo ... omnis spiritualis iusticie saluacionis. Thi poler ij ... ambobus ... significat in
... ut poler qi potens est ut poler qi moueur poles. Indet dicitur qi indicans suo nostras
i parte mi mostrat ... nii regimini. Medius qi intus dignos est cognoscere sigr qbus et una
... spa ... inest media: quo puente iustficatio. Oculus de ab operi: quo iusta ... dei
di quo dignr/ confessionem sigt quis i est. perstr. ou tuteram ... pl. legra oblit for pr.
... qi in nobis ... his ... eps. ... ... perte. instar ... ... lius ... sigat ... es ... e
... huic ... et ... ... requirat ... iurist aut fit ... in altima ... ... et ... iuniuit

Christus und die Seine 1450-60.

Die Messe des heiligen Gregor von Bastian Ulmer.

1450—70.

Prudentia

Temperantia

Justitia

Fortitudo

F. Edificium turris sapientie é caritas .q̄ s̄m ēo ñb ō dnat̄

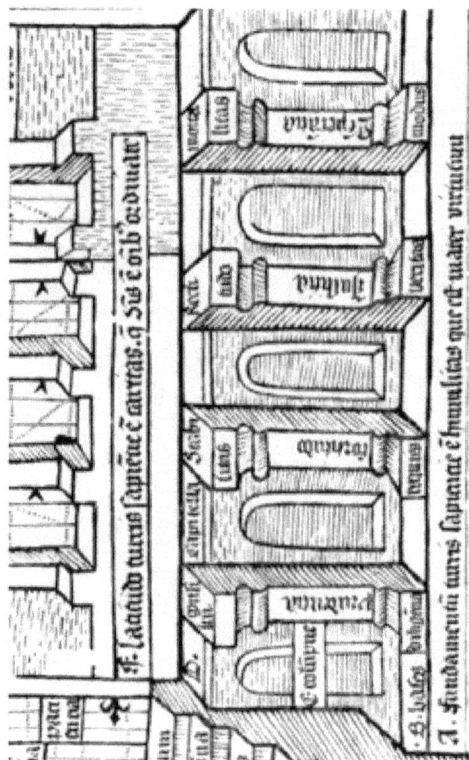

T. Fundamentū turris sapientie é humilitas que est radar virtutum

Turris sapientie logatur ab iustructi afcēdend̄ p feruem linē alphabeti

Tom. opusclox
1450—115

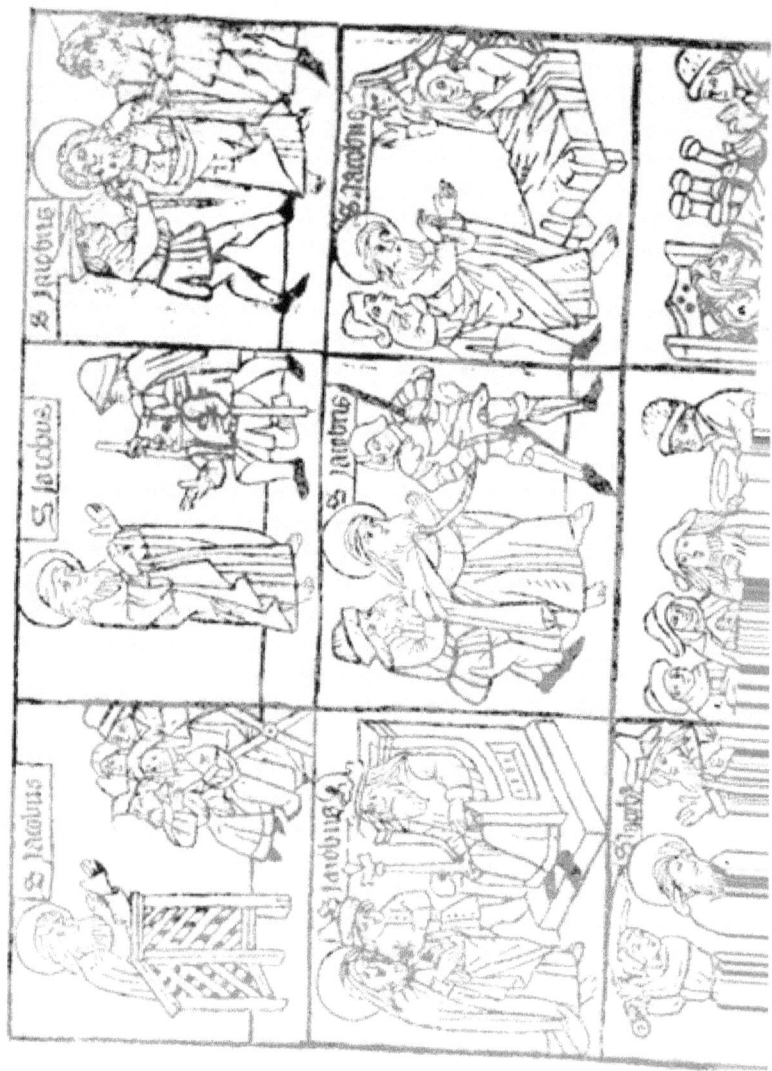

St. Wendelin.

Holzstock. 1460—1470.

Die Enthauptung der heiligen Katharina.

Holzstock. 1460—1470.

Das ist aurrus falcatus in teutsch genät streitwagen

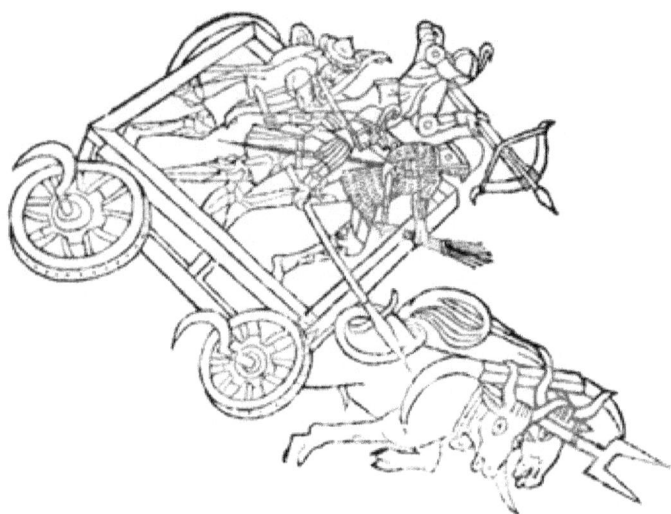

Das ist ain ander streitwagen mit ochsen angericht

Zwei Abbildungen aus einem Bruchstücke des Vegetius.
1460 — 1475.

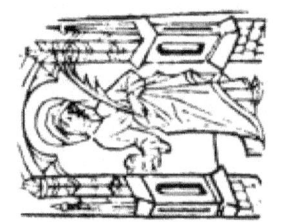

Alte Holzschnitte aus dem Lübecker Passional. 1455—1456.

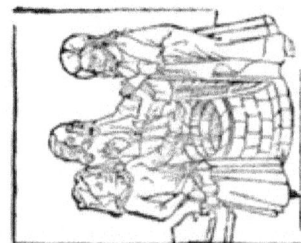

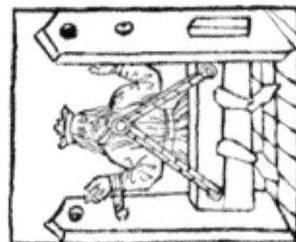

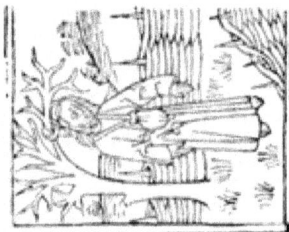

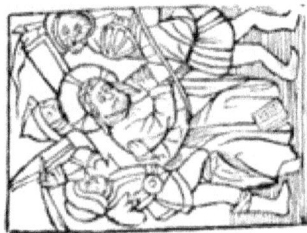

Die Holzschnitte des 14. und 15. Jahrhunderts im germanischen Museum.

Acht Holzschnitte aus dem Lübecker Passionale.
1450—1470.

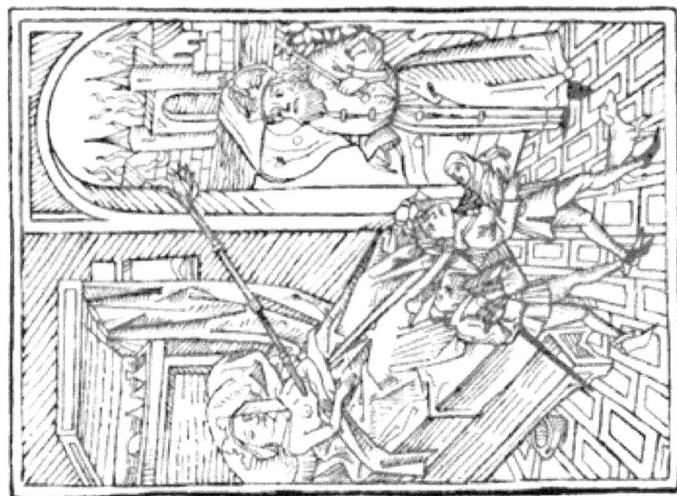

Drei Holzschnitte aus der Ulmer Esop Folge der Jörg Syrlin zugeschriebenen
1480—1481

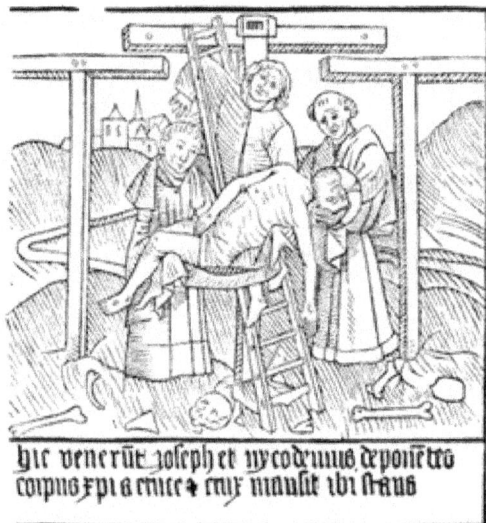

hic venerũt ioseph et nycodemus deponẽtes
corpus ppi a cruce ✝ crux mansit ibi staus

Die Kreuzabnahme aus einem Blatt der Historiae sanctae crucis.

1460—70.

Blatt einer Ars moriendi.
1460—1470.

.

Blatt einer Ars moriendi.
1460—1470.

Blatt einer Ars moriendi.
1460 — 1470.

Die Holzschnitte des 14. und 15. Jahrhunderts im germanischen Museum.

Fünf Holzschnitte aus einem Defensorium inviolatae perpetuaeque virginitatis Mariae.
ca. 1470.

.

Die Holzschnitte des 14. und 15. Jahrhunderts im germanischen Museum.

Vier Holzschnitte aus Lyon und Ulm. 1488.

Pestbild.

Sta. Margaretha.

1460 — 1470.

Sta. Dorothea und die heilige Dreifaltigkeit

Die heilige Ursula mit ihren Genossinnen

Die Aufrichtung des Gekreuzigten
Drei Holzstöcke verschiedener Meister
1460 — 1470

Die Holzschnitte des 14. und 15. Jahrhunderts im germanischen Museum.

Taf. LXVI.

Die Erschaffung der Thiere.

Die Erschaffung der Eva.

Der Judaskuss.

Drei Holzstiche. 1460—1470.

Die Begegnung Joachims und Annas unter der
goldenen Pforte.

Die Beschneidung Christi.

Die Dornenkrönung.

Christus erscheint dem heiligen Thomas.

Vier Holzstöcke. 1460—1470.

Die Geburt der heiligen Jungfrau.

Die Geburt Christi.

Die Auferweckung des Lazarus.

Drei Holzstöcke.   1460—1470.

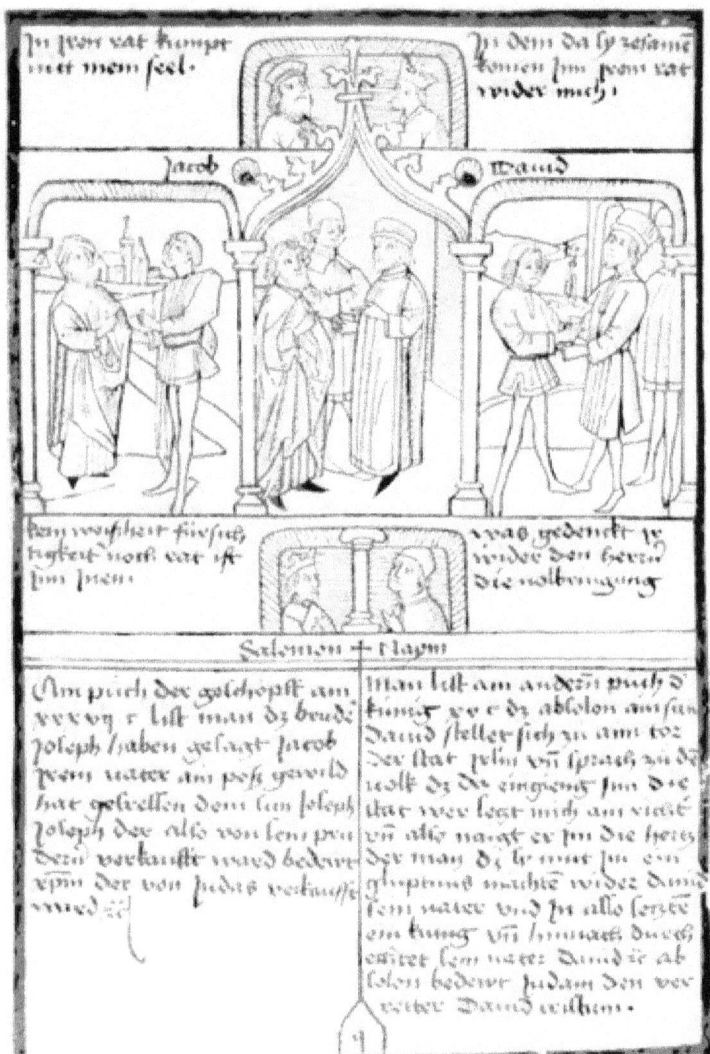

Taf. LXX

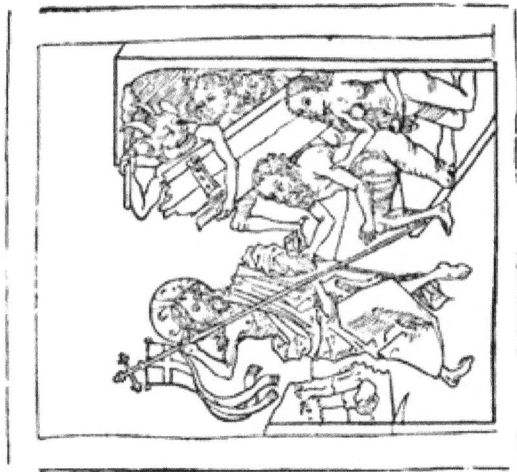

Die Helmzierde des 14 und 15. Jahrhunderts im germanischen Museum.

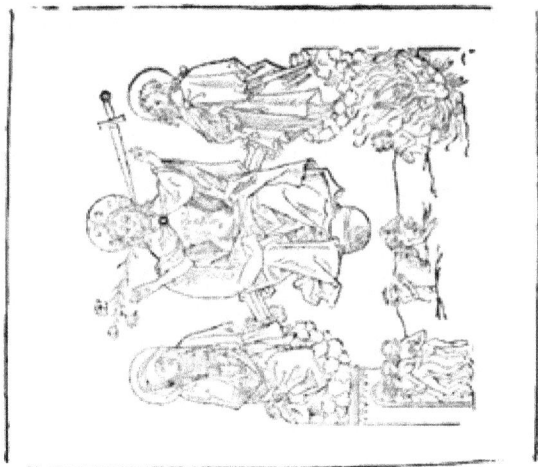

Zwei Holzschnitte aus der Geschichte erliegung des Juden Josta Geld. ca. 1470.

St. Brigitta. 1470—1480.

Die Holzschnitte des 14. und 15. Jahrhunderts im germanischen Museum.

Vier Holzschnitte aus dem Belial

1473

Holzschnitte des 14. und 15. Jahrhunderts im germanischen Museum.

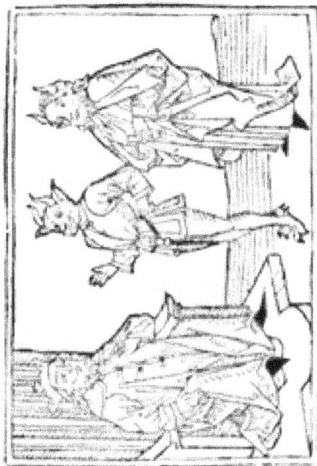

Vier Holzschnitte aus dem 15.Jah.

1473

Taf. LXXIV.

Die Holzschnitte des 14. und 15. Jahrhunderts im germanischen Museum.

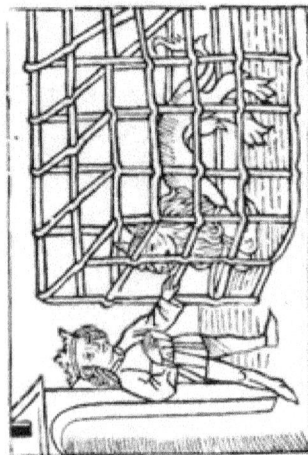

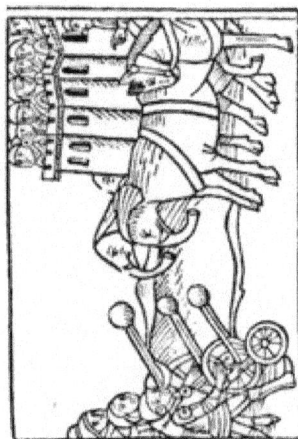

Vier Holzschnitte aus dem Buch der geschichte des grossen Alexanders. 1450—1480.

Aus Conrad von Megenberg Buch der natur.

Aus Conrat von Megenbergs Puch der natur. v3. 1470.

Aus Conrat von Megenbergs Buch der natur.

ca. 1470.

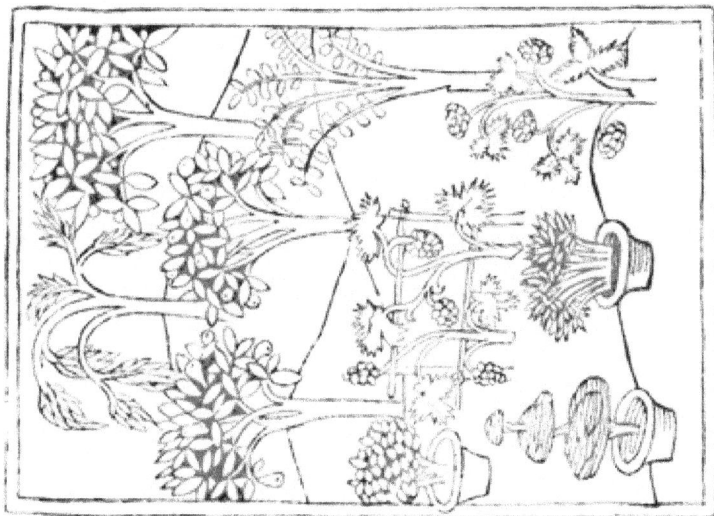

Aus Conrad von Megenbergs Buch der natur.
v. 1470.

Aus Cunrat von Megenbergs Buch der natur.
ca. 1470.

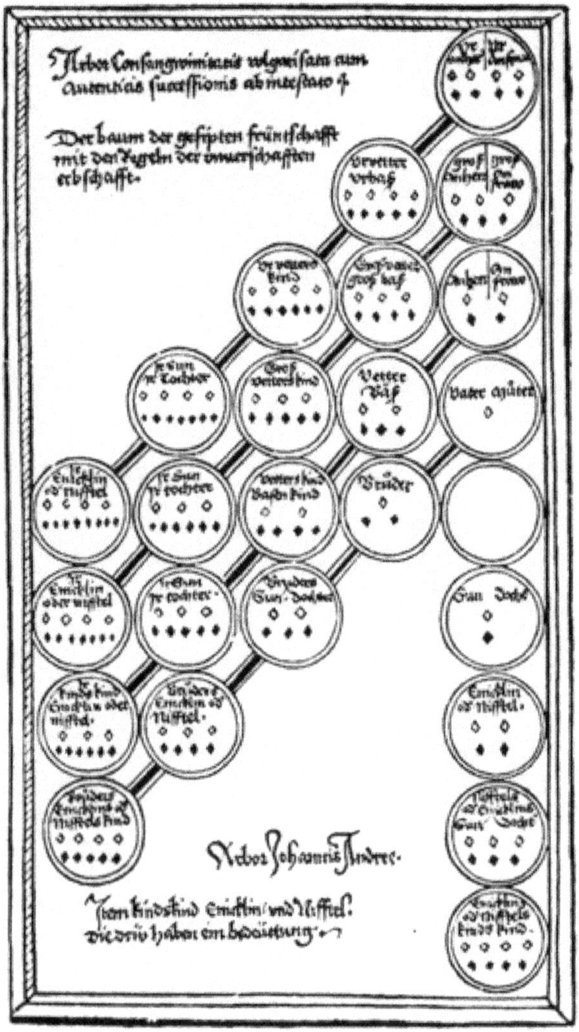
Arbor Consanguinitatis vulgarisata cum
Der baum der gesipten früntschafft
mit den Regeln der unuerschafften
erbschafft.
Vetter Bäß
Vater Muter
Bruder
Sun Dochter
Arbor Johannis Andree.
Item kindskind Encklin und Nifftel.
Die driu haben ein bedüttung.

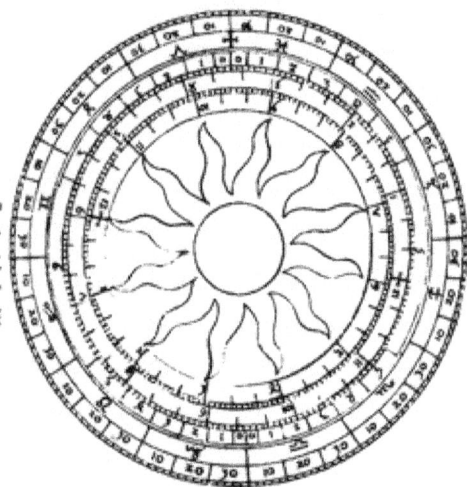

INSTRVMENTVM VERI
MOTVS LVNAE.

MINVE

ADDE

Der Holzschnitte des 14. und 15. Jahrhunderts im germanischen Museum.

Holzschnitte aus Regiomontans kalendarium.
1476.

Die Holzschnitte des 14. und 15. Jahrhunderts im germanischen Museum.

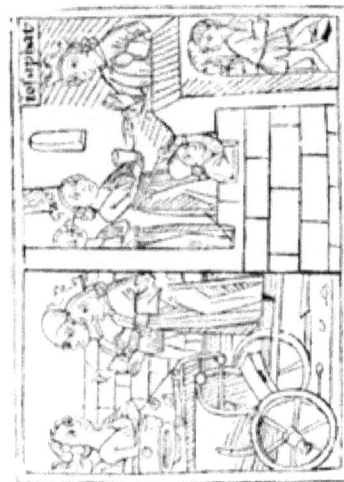

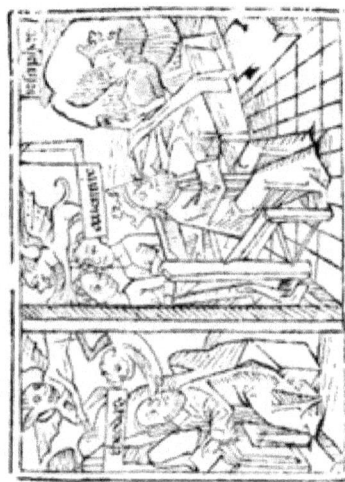

Holzschnitte aus der Cronica von eynem konig Josaphat und heyligen vater Barlaam.
1470—1471.

Die Himmelfahrt der heiligen Jungfrau.
Holzstock. 1470—1480

Die heilige Jungfrau.
1470—1490.

Das Christkind, Rosen tragend.
Holzstock. 1470—1490.

¶ Von dem ritter auff dem schachzabel
wie der sein soll vñ was das bedeut·

¶ wie der ander vend ein gestalt haben soll who
was er auff dem schachzabel bedeuten sey·

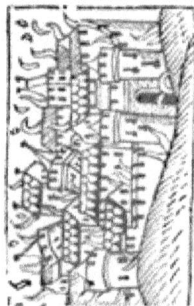

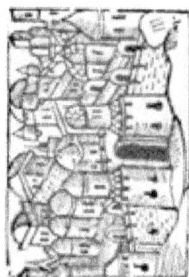

Aus Reisewitz Indiculus tempore. 1480.

Vier Blätter aus einer Passion.

St. Hieronymus.
1450 — 1490.

Der selig hainrich sůs ze cofrenz gebon am bodmer feé
Nam die ewig wyſſhaie zum gmahel gaiſticher ee
Sein gefpons tet in den namen verwanden
Amandus hieß ſy in nennen in allen lannden
Sein leben wz er in irm dienſt verzeren   eté
Des frödt ſich vlm die ſein grab vnd hail nů hale in

St. Suso.

1470 — 1490.

Christus am Kreuze.
1470—1490.

Christus am Kreuze.
1470—1490.

Sancte Cristofore martir dei preciose· rogo te p nomē xpi creatoris tui·et per illā clemētiam quam tibi fecit quando tibi nomē solus inposuit· Te trꝑtor in nomie prīs et filij et spiritussancti·p quē gratiam baptismi act epīsti· et ad vitā eternā ꝑueuisti· vt a put de ina et beatissimā virginem Mariam eius genitricem·sis in adiutorium michi peccatori miserrimo· quatiu⁹ tuo pio interuēto· faciant me vincere omēs inimicos meos ꝗ rogitāt michi mala· Et per illud leue onis qđ ē Jesus Crist⁹ quē tu sancte paꝗ p trāsinarinū flumē pōtare meruisti· alleuiare· āmonere dignae pōteos angustias meas· malas tribulatiōs· puersas machinatiōs· fraudulētas Aspiratiōs· mēdacia· falsa restimōia· et opta Asilia· Et me liberare ab omī periculo et p turbariōe corpris et aie· honoris· rerum· et fame· vt ex hoc mūdo securus exiens· ad eterna gaudia merear puenire· Amen·

Die Holzschnitte des 14. und 15. Jahrhunderts im germanischen Museum.

Blatt aus der Kölner Bibel
ca. 1480

SALOMON

Aus der Kölner Bibel.

Die Holzschnitte des 14. und 15. Jahrhunderts im gemünzten Museum.

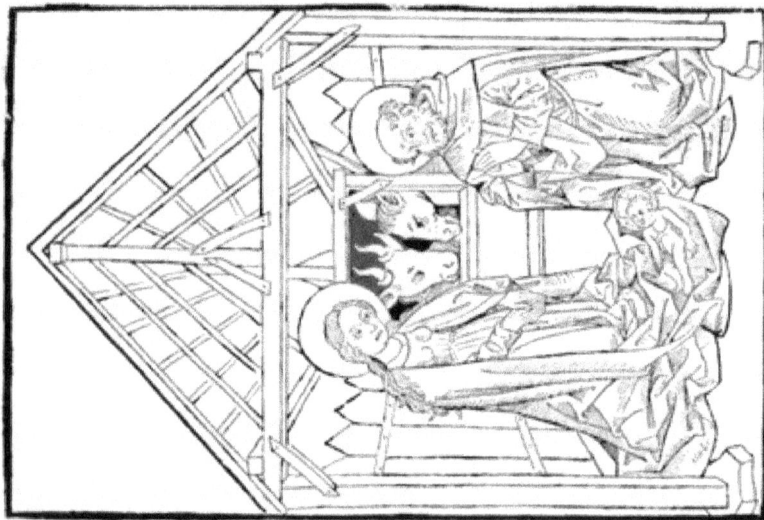

Zwei Holzschnitte aus der ersten xartigen.

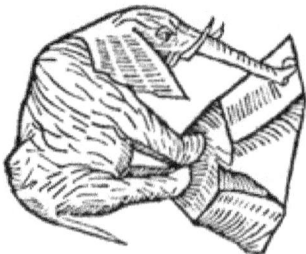

Spargen.

Ħamillen blomen

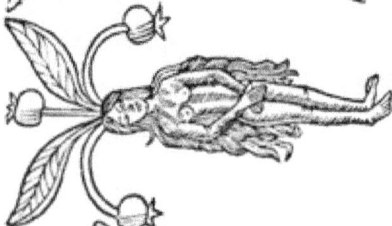

Alraun der man.

Ruben.

Alraun die fraw.

Bifum.

Ein fuchß.

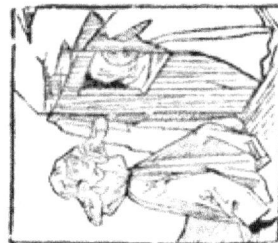

Holzschnitte aus der ältesten Ausgabe 1486—1488.

Du solt vatter vnd muter eren

Du solt nieman töten

Holzschnitt des 14. und 15. Jahrhunderts im germanischen Museum.

Zwei Holzschnitte aus dem Büchlein de do heisst der vil nütz um ulmgros bibisch Fusspiel etc. 1483.

Die Holzschnitte des 14. und 15. Jahrhunderts im germanischen Museum

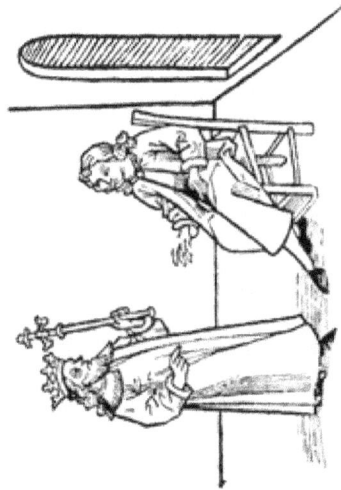

Vier Holzschnitte aus der Historia von der zerstörung der statt Troja
1488

Initialen aus Chronici superiori romanorum et romanorum ... via astrologica et mathematica etc. und Hyginus, poeticon astronomicon, etc. 1480 – 1485.

Caffioppa

Cepheus

Boetes

Hercules

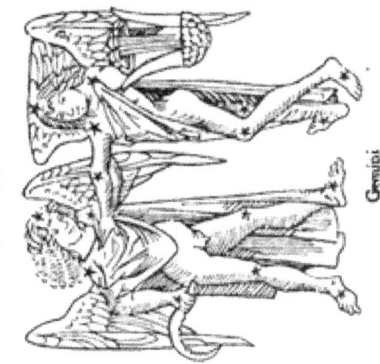

Gemini

Perfeus

Die Himmelsbilder des 14. und 15. Jahrhunderts im germanischen Museum.

Ptolemäus aus Regioni, poetica astronomica, etc. ca. 1480.

Die Holzschnitte des 14. und 15. Jahrhunderts im germanischen Museum.

Equus

Sagittarius

Venus

Hic zu findet zur Hygian. poeticon astronomicon, etc. c.a. 1482.

Phyllirides

Leo

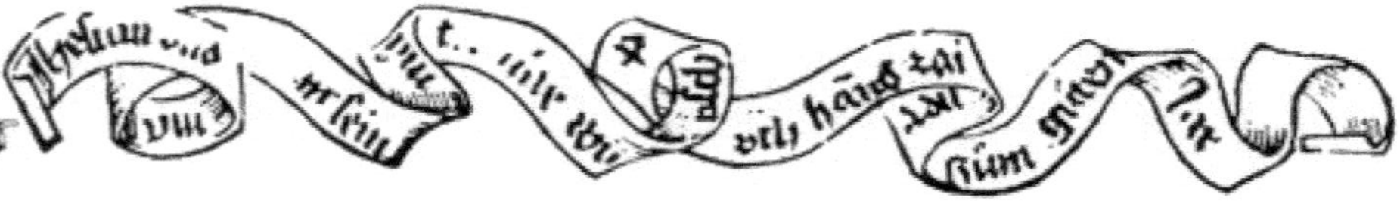
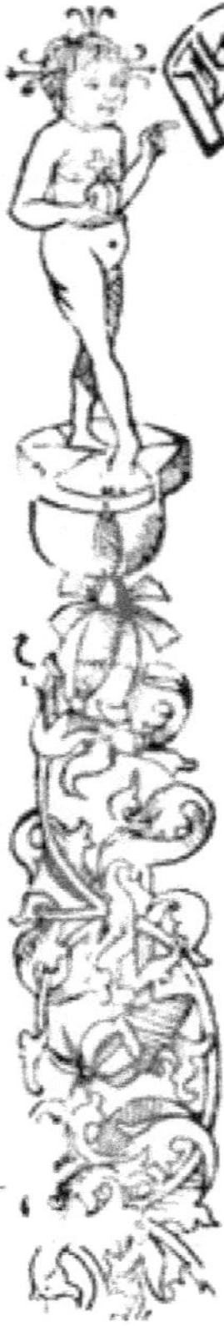

a.

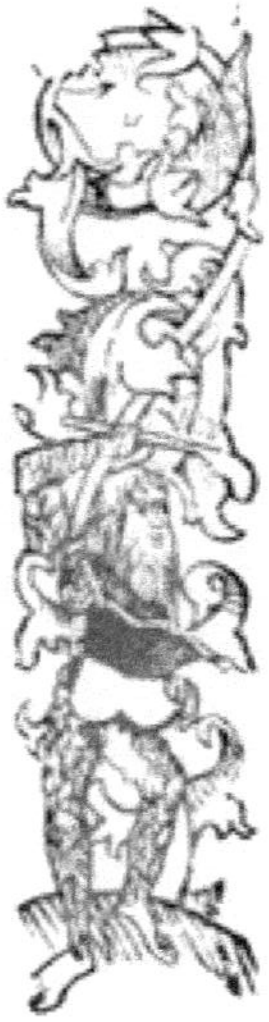

b.

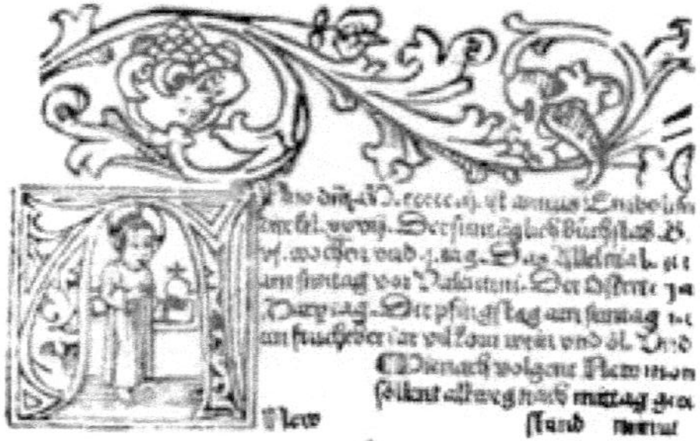

c.

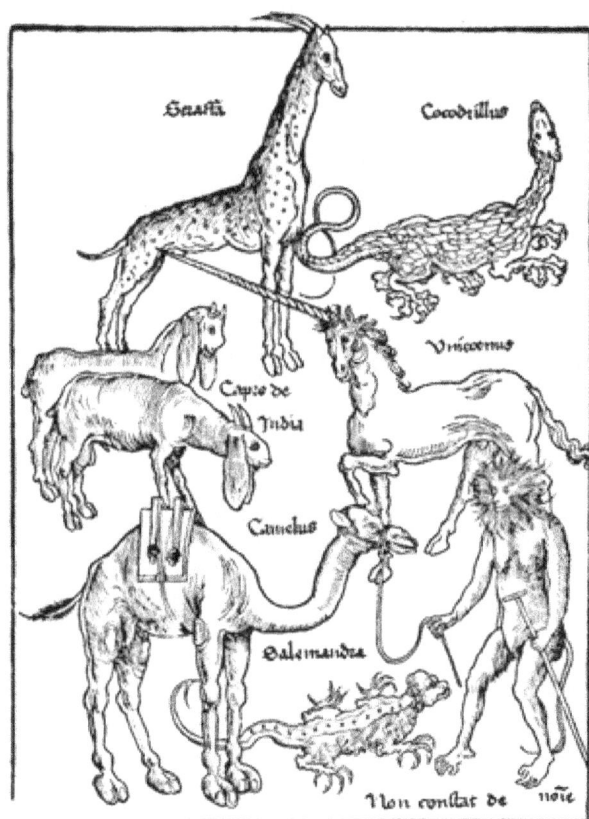

Seraffa

Cocodrillus

Vnicornus

Capre de India

Camelus

Salemandra

Non conftat de   noie

Holzschnitt aus Breydenbachs opusculum sanctarum peregrinationum,
1486.

.

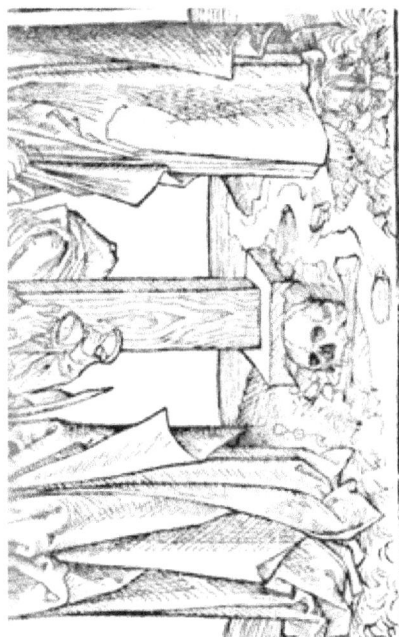

Christus am Kreuz
Cumelblatt.
1480 — 1490.

Ein monstrantz darin stuck von S. Sigis. j stuck von S. gye luk stuck von S. Roman. ij stuck von S. Quiret marter

In diser taffel ist ain stuck von Sant Joe. j stuck von S. Menrat. ij stuck vo S. pilgrauge j stuck vö S. pilegrin. Item sunst mer xxj stuck hailtums

Ein monstrantz darin ij gros stuck von der hyrn schal des hailigen marterers Sant Vrsei

Ein taffel darin j stuck von S. Claus. j stuck vö S. Onla. stuck von S. Cme ceronno. steinene krutz stuck mit dego hailtums

In diser mo granit send ij ten. von S. Bartholome vö sant Virich vnd von sant Benndicten e

Ein creutz darin ain namhaftig stuck von dem hay. j en creutz

In disem sarck send ij stuck von S. lauthon. von S. seur ain pan vnd am glid ein finger von S. Quirnac ij stuck vnd am ban. Mer rein stuck hadeims vö de geselschaft sant Affra

Ein mostranz darin von der grip im S. Acre. hatte ij stuck von S. Vrton ij stuck von hait Alexi

Ein sarck dasin j stuck vö S. Morint. mer j gros se stuck von S. Benindo. j stuck vö S. Octeuri j stuck vö S. Olisa. mer ij stuck von vier geselschaft

Ein creutz darin vö de plut vö Ihesu vö S. pauli ij stuck von sant petcrs creutz. Me ij stuck von sart endrei creutz

In diser send ij wasser send ij namhaftige stuck von den hailigen marterer sant opertrcii

Ein p la maize darin ij stuck vö schliaed ij vö ed baur vö vier plaidern ij vom jeti gruit vö a dina gos in ij

Ein mostrantz darin iij stuck von S. Steffan vier celicha stuck vö den sturme darinn er Vslame ist

Ein plenari darin ij stuck vö S. ges ij stu j vö S. Resomin. ij stuck von S. Ana briola. ij von d alt pater fillt stud

Ein taffel darin ij stuck vö S. anfurian diser Mererd im pace dco ebertiff ed

In S. neuber senb ij stuck vö S. Euonomia. j von S. setragia. j stuck von S. Jeliana sunst mer ossind

rvotns. gelegen in der kayserlichē stat Augspurg.

In diser tafel send / ei gemacht ij grof / fe stuck võ dem ge / pain S. Maxencij / stuck von S. Valen / tein. Vnd sunst mer / vij stuck hailtums.

Ein möstrã / dain iij stuck / võ dem gepain / S. Sebastians / võ S. fabian / von Sant / Bork.

Ein plenari dar in / j stuck des haubts S. / Cuffoy. Auch von S. / Sulpao vnd Sauri / ano. Item sunst mer / etwij stuck vn rogi / hailtums.

Ein saich darin vij / pharbain. Vnd darin / vor ij pippam. J / Shulte plat. J reip / vnd sunst mer etij / stuck als von der ge / sellschaft S. Affra.

Ein möstrã dã / rin võ den haiden S. / Johãne. vñ sol / S. dm. j stuck des / messgewans. Al / brecht. J st. võ / S. Ulrich roct.

Ein grosser saich darin / iiij schenbain. ij grosse / eügenbain. Auch mer / hundert namhafte stuck / hailtums. alles von der / geselschaft der hailigen / märterer stat Affra.

Ein creutz darin / iij stuck. So di hai / ligē creutz. J võ / S. Lucas. J võ S. / Seuerin. J võ S. / hplasi. J võ S. / Thoma bischof.

Ein möstrã ist / erij gepain vn / erharbar mer / dã vñ teen / mer. võ dem / g. fleschin auch / in grub.

In disem saich ist hail / lus stuck võ haubter stuck / von aller zwelfboten / vnd euangelisten. / Item mer hailtums / ein sant Narciffu. / bischof vnd marterer.

Vnd möstrã ist an / gij dari singenij S. / Rochum. J haup / võ dem võ julie j. / vor S. Smiths. J stuck / võ S. peter ve mall.

Ein dar / dar in dem gepain / saich hailtum. Auch / haupt... võ teen / ... gepai / ... hailtum. Mer / ... hailtum.

Hie ist verzaichnet. vnd wirt angezaigt. das g...

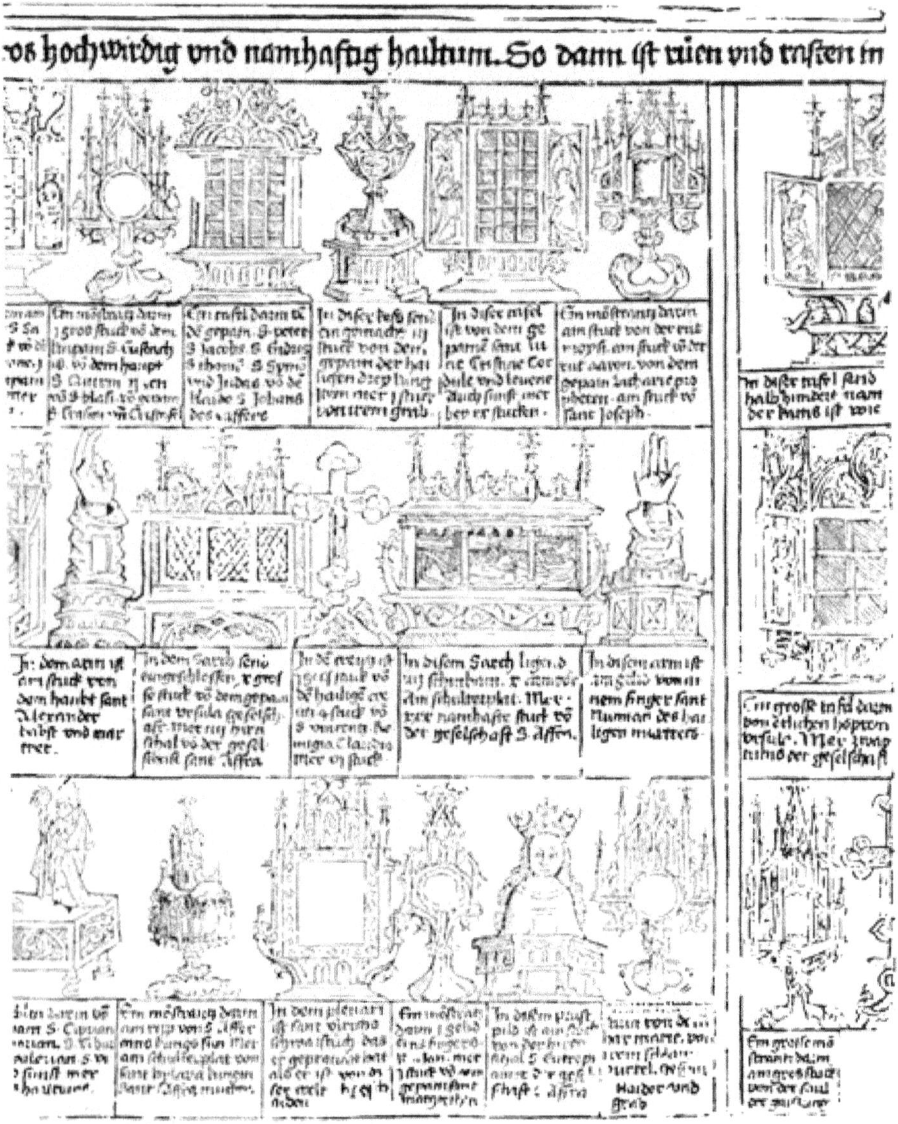

Darunter septê psalmi.   â Dortminifrante.
Holzschnitte aus einem Horarium.
1487.

Ein monstratz darinn ist ain stuck von S. Syr. j stuck von S. Hyacinct stuck von S. Roman. j stuck von S. Vincent martiri bas anders.

In diser tafel ist ain stuck von sant Iob. j stuck von S. Menrat. j stuck vō S. pilgrime j stuck vō S. peregrin. Item funff mer roj stuck hailtumß.

Ein monstrantz darinn j groß stuck von der hyren schal der hailigen martrerin Sant Ursle.

Ein tafel darinn j stuck von S. Clara. j stuck vō S. Othilia. j stuck von S. Crescentiana. Item mer j gantz stuck vnd gelid hailtumß.

In diser mon stranz send iij von. von S. Bartholomeus sant ulrich vnd von sant Simprecht.

Ein mon stranz j stuck vō no vō von paulo sant S..

Ein creutz darinn am namhafftig stuck von dem hayligen creutz.

In disem sarch send iij stuck von S. lazarus. von S. seuir vnd von vnd am glid daran finger von S. Eusebie. ij stuck vnd am kinn. Mer ein stuck hailtumß vō de gesellschafft sant Affri.

Ein mostrantz darinn von dem gep un S.Crescē tacie ij stuck von S. Afton. ij stuck von Sant Alger.

Ein sarch darinn j stuck vō S.Mauricij. mer j groß stuck von S. Secundo. j stuck vō S. Seteri. j stuck vō S. Elisabet. mer j stuck von vier gesellschafft.

Ein creutz darinn iij de tt lur S. petreis vō S. pauels ij stuck von sant peters creutz. Mer ij stuck von sant endris creutz.

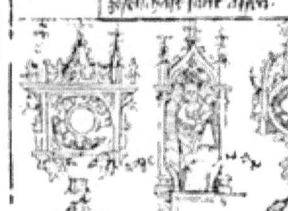

In diser monstrantz send iij stuck vnd ein stuck mit der hailtumß wert. j stuck darin ein hailig fürstin.

Ein p'ld marie darinn ij stuck von S. Steffan j rot hat. ij von vnser frauen j vō vnser frauen Maudlen j vō ir grab vō S. dina gep in iij.

Ein mostrantz darinn iij stuck von S. Steffan item ieslichi stuck von der frauen darin der costume ist.

Ein plenariū darin ij stuck vō S. Georgen j stuck vō S.Ieronimi. ij stuck vō sante Anna. ij von j gusten sistersti.

Ein kist darinn ij stuck vō der j fürstin herren Meerad im jare des abentmals.

In S. creutzer send iij stuck vō S. Cornad j von S. Crispini. j stuck vō S. Iuliana. funff mer oj stuck.

cuens. gelegen in der kayserlichē stat Augsspurg.

Ein mon-
stranza dar-
in iij stuck
von dem ge-
paint Sant
Jorgen mar-
ter.

In diser tafel sind
ein gemacht ij gros-
se stuck võ dem ge-
pain S. Mgrerin
stuck von S. Valen-
tern. Vnd sunst mer
xvij stuck hailtumb

Ein mostrāan
darin ij stuck
võ dem gepain
S. Sebastians
vnd S. Sabian
ij von Sant
Rochi.

Ein plenari darin
j stuck des hailtes S.
Cusrby. Auch von S.
Sulpiao vnd Seuer-
ano ster fünf mer-
crus stuck vnd des
hailtums.

Ein sarch darin vij
elfenbain vnd ain
rote ij Prupam. j
schutter plat j cap
vnd sunst mer vij
stuck aich von der ge-
selschaft S. Affra.

Ein mostrān da
in võ den dauen
S. Johan võ S. Stel
S. am j stuck des
nassennlos S. Ji
baron. vn. ch of
S. Vlrich rock

Ein grosser sarch darin
iiij elfenbain ij gutte
magdram. Auch mer
hundert mainbaffe stuck
hailtums. alles võ der
geselschaft der hailtem
mnaterern sant Affra.

Ein creutz darin
iij stuck võ dem hail
ligē creutz. j von S
J. land. j von S
Seueran. j von S
bilau. j von S
thoma bischof

S. mostrān iij
j mog ergain ain
herbeina mer
und vij lern
saru. von dem
e flessen aus
vij grab.

In disem sarch ist vex-
lur sind vnd bain stuck
von aller zwelfbotten
und ewangelisten.
Item es ist es mer
von sant Nicolei
bischof vnd marter.

Jnd S. mostrān ist ein
gē ẟ ain vingerie S.
Knichem j ban j stuck
võ ain ẟe j thick.:
er S. Barthi. j stuck
võ ẟ perte võ marki ij to

mer trōnach
darin mer stuck
sant feltzgen. Auch
stuck võ mer tren
baylen

ein buch mit dem ps
ligen S. S. Joaenni.

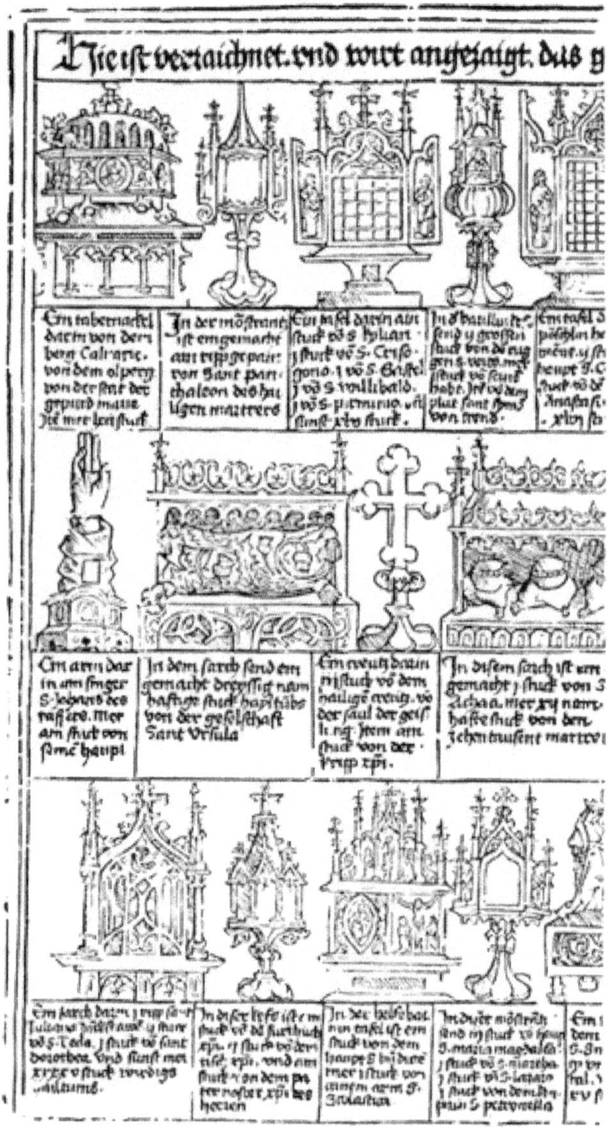
Hie ist verzaichnet. vnd wirt angezaigt. das g

ros hochwirdig vnd namhaftig halttum. So dann ist rüen vnd rasten in

Ein halttum dann 1500 stuck vo dem ... S peter ... S Quirin ... blasi ...

Ein ... daru̇ ... die gepain S peter S ludwig S Sebaltzt S Symo vnd Judas vo dem haubt S Johans des ... assferu̇

In diser bössen ... engemache iii ... stuck von dem ... siben drey ...

In diser tafel ist von dem ... gepaind Sant ... Cristina ... bole vnd ...

Ein monstrantz darin ... am stuck von der ... am stuck vo der ... gepain ... am stuck von sant Joseph

In diser tafel sind halb hundert ... der ... ist wie

In dem ... ist ein stuck von dem haubt sant Alerander der ... vnd mar...

In dem ... sein ... schleffen ... stuck vo dem gepain sant vrsula geselsch... vnd ... stuck vo dem ... hirn ...

In d... ist ein ... stuck vo d haubt ... vnd ... stuck vo ... migno ...

In disem ... ligen ... schinbain ... nambaffte stuck vo der geselschaft S assferu̇

In disem arm ist ... von ... nem finger sint Mauriun des hailigen martrers

Ein grosse tafel daryn ... verfasst. Mer ... tuch der geselschaft

... an ... vo ... S Cipriani ... S Tibu ... valeria ... S faust mer ... haltu̇

Ein monstrantz darin ein ... vo S ... mein finger sint ... am schulter plat von sant hylaria ... sant assfen martrer...

In dem plenar ist sant vlrichs schma ...

Ein monstrantz darin ... finger ... stuck vo der gepaind ...

In disem ... gold ... finger sint von der ... S Cutreyn ... S ... schafft S assfen

... von de ... hir martre. von ... seidan ... viertel. des sint mauden vnd grob

Ein gross vnd namhafft stuck von dem saul der geselschaft

Holzschnitte aus einem Horarium.

1487.

Die sieben Planeten.
Holzschnitt von einer astrologischen Tafel.
1480—1490.

Die Wunden Christi.
1484—1492.

Titelholzschnitt der Reformation des gerichtes der Dechaney des Thomstiftes zu Bamberg.
1498.

Die Holzschnitte des 14. und 15. Jahrhunderts im germanischen Museum.

Taf. CXXV.

Holzschnitte aus einem Horarium.
1489.

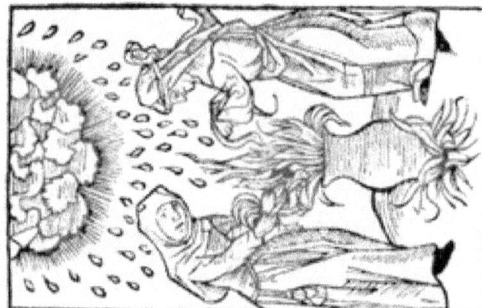

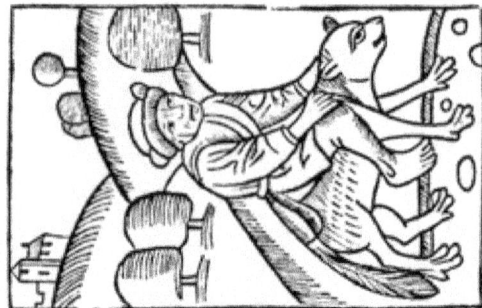

De pawes

De dot

De arste

De dot

De biſſchop

De dott

De buirman

De doet.

u. Lübecker Todtentanz

1489.

Der Planet Mars.
1480—1500.

Die Geisselung Christi.
1480 - 1500.

Vier Blätter eines Lebens Christi
1480 — 1500.

Die Holzschnitte des 14. und 15. Jahrhunderts im germanischen Museum.

Sechs Bilder vom Leben Christi.
1480—1500.

Unbekanntes Wappen.
1480 — 1500.

Die heilige Jungfrau.
1480—1500.

Gastmahl.
1497.

Einzug eines Königs aus dem Schabchalter der waren reichthlauer.

Die Holzschnitte des 14. und 15. Jahrhunderts im germanischen Museum

Totentanz von H. Schäufeli (nach der Grenze).
1513.

Titelblatt einer Ausgabe des Gratianus.
1400—1500.

Holzschnitt aus Geiler v. keyserßberg, Ein heylsame lere vnd predig.
1496.

nackend / zitterd vñ ammechtig
on alle erbermbde / mit ruten vñ
geyslē sy din zart flaisch vffrissed
vñ die knöpff vñ spytzē in dinen
heilgē lib ingiengend. vñ so cyn

O Herr iesu christe / richter
aller lebendē vñ todeē
wie gar über alle wun
der ist das. dz du also verurteilt
bist zu dem schmachlichen tod / Als

Holzschnitte aus dem Buten vom Tode Franquin der geschicht un erberkeit.
1493

Fueb die pestileng.

Gegrust bistu maria vol gnaden der hert ist mit dir dein frucht hünt mit
Gesegnet bistu vnder allen frowen Vnd gesegnet sy dein hailige mutter
Anna von welcher geborn ist on sünd on vnrainigkait die hailiger vn-
reyner iuchtna vß welcher geboren ist Jhesus cristus Amen

Bapst allexander der bapst ist hut alle cristgloubige menschen geben die vo-
dem bild Sant Anna dz obgeschriben gebet drey mal sprechen etusent Jar a-
laß tö thu ber sund vnd xx et sort far laßlicher sund Vnd ist an dem nächsten
verhangen offtmalig vßhegunge von senem bapstlichen sül Vnd selbe mit
senen henden vnsgeschlagen an alle kirchtüren die gemein sind Vnd also
von söner hailigkait bestaetiget Inden Jare als man zalt Nach cristi geburt vnsers lieben herren Tusent vierhundert Vnnd Im vierund nüng
isten. Deo gratias. Laus deo.

St. Anna. Altafeld.
1494

Holzschnitte aus Brants Narrenschiff
1494

Holzschnitte aus der passio sancti Meynradi.
1496.

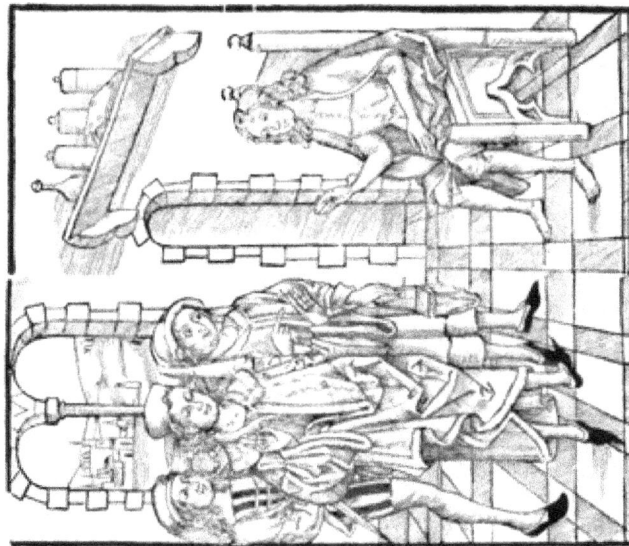

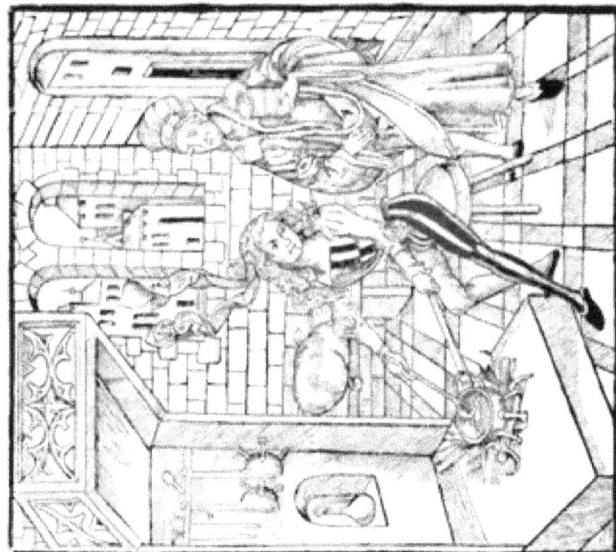

Taf. CXLIX.

Badestube des 14. und 15. Jahrhunderts im germanischen Museum.

Holzschnitt zu Heidelberg, Hptc., buch der Gengh.

S. 207

Christus am Kreuz.
Cannstadt.
1400.

Für Holzschnitte des 14. und 15. Jahrhunderts im germanischen Museum.

Die Planeten Mars und Jupiter.
1490—1500.

Die Holzschnitte des 14. und 15. Jahrhunderts im germanischen Museum.

Taf. CLII.

Gruß biftu hailiges antlit vnfers behalters. Jn dé
da fchinet die geftalt des göttlichen glantzes. Gedzu
ket in ain fchne wiffes tiechlin Nu gegebé wronice
czu ainem zaichen der liebe. Grieft biftu geeziert der
welte ain fpiegel der bailigen. Den da begerend czu
feb woen die bymelfché gaifte. Künige vns von allé
finden. Vnd fieg vns zu der felige gefellfchafft. Gruß
biftu vnfer glori in difem letzten binfliefienden vnd
fchwachtem leben. Füer vns czu dem vatterland o du
felige figure. Zu fehend das wöneuglich antlit enftt
vnfers berren. Bis vns ain fickere biliff ain fieffe erkie
lotung troft vnd ain fchirme. Das vns nit fchadé müg
die befchwerong vnfer fünde Sonder das wir nieff
fend die ewige rüo amen

So fil find gegeben tag applas vnd karen difem
gebet das ich fy bie nit künd wol begriffen

Schweizerisch Chr..o.

1490 — 1510.

St. Georg.
1490 — 1510.
Wol Copie eines ältern Blattes.

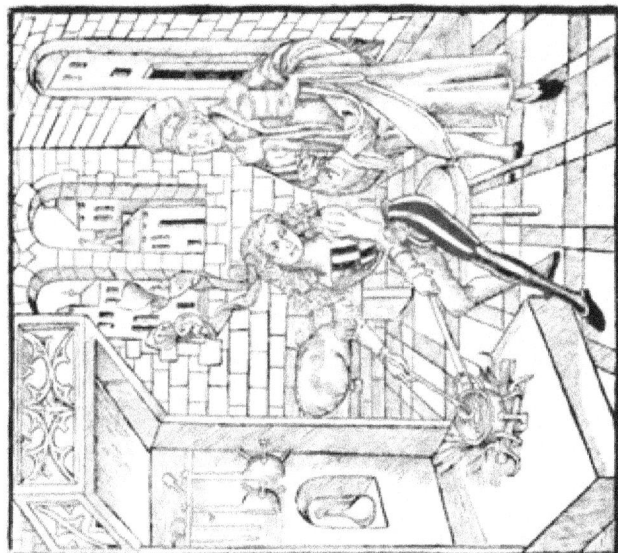

Die Holzschnitte des 14. und 15. Jahrhunderts im germanischen Museum

Holzschnitte zu Böklin's, Hyer., hoch der Georgia.
1493

Christus am Kreuze.
Einzelblatt.

Die Holzschnitte des 14. und 15. Jahrhunderts im germanischen Museum.

Die Planeten Mars und Jupiter.
1490—1500.

Grieſt heſtu hailiges antlit vnſers behalters · In dē
da ſchinet die geſtalt des göttlichen glantzes. Gedru
ket in ain ſchne wiſſes diechlin · Vñ gegebē veronice
czů ainem zaichen der liebe. Grieſt heſtu geeziert der
welte ain ſpiegel der hailigen · Den da begerend czů
ſchowen die hymelſchē gaiſte · Künige vns von allē
ſünde · Vnd fieg vns zů der ſeligē geſellſchafft. Grieſt
heſtu vnſer gloſ in diſem letzten hinflieſſenden vnd
ſchwoachem leben · Fier vns czů dem vatterland o du
ſelige figure · Zů ſelend das wonneuglich antlit criſti
vnſers herren · Bis vns ain ſichere hilff ain heſſe erkie
long troſt vnd ain ſchirme. Das vns nit ſchadē müg
die beſchwerong vnſer künde Sonder das wir niels
ſaid die ewige růo amen

  So fil ſind gegeben tag applas vnd karen diſem
gebet das ich ſy hie nit künd wol begriffen

Schweißtuch Christi.
1490—1510.

St. Georg.
1490—1510.
Wol Copie eines ältern Blattes.

Christus am Kreuze.
1490—1510.

Rupertus Diet라푸스 sedis giae pius Ratispon Palatinus Rom Dur Bauarie

St. Peter und St. Paul.

Mit dem Wappen des Bischofs von Regensburg Ruprecht II., Pfalzgrafen von Simmern.
1492—1507.

Unbekanntes Wappen.
1490 — 1510.

St. Demnarus und ein Cardinal.
1490—1510.

Die heilige Jungfrau.
1450—1510.

Wunder eines im Jahre 1356 verschütteten von Crucifixes zu Mainz
1905—1914.

Tafelwerk aus III. Buche der Amores des Conrad Celtes. Nürnberger Druck von 1502.

St. Brigitta

St. Dorothea

Holzschnitt. 1500 — 1510.

Die Predigt des heiligen Dominicus.
Holzstock. 1510—1520.

www.ingramcontent.com/pod-product-compliance
Lightning Source LLC
Chambersburg PA
CBHW031401270326
41929CB00010BA/1278